春风吹又生

中美人文交流足迹

Resurgence with the Spring Breeze:
Footprints in US-China People-to-People Exchanges

李期铿 编著

全国百佳图书出版单位
时代出版传媒股份有限公司
安徽人民出版社

图书在版编目(CIP)数据

春风吹又生——中美人文交流足迹/李期铿编著.—合肥:安徽人民出版社,2015.9
ISBN 978-7-212-08241-3

Ⅰ.①春… Ⅱ.①李… Ⅲ.①中美关系—文化交流—文化史 Ⅳ.①K203 ②K712.03

中国版本图书馆 CIP 数据核字(2015)第 168270 号

春风吹又生——中美人文交流足迹
Chunfen Chui You Sheng——Zhong-Mei Renwen Jiaoliu Zuji

李期铿　编著

出 版 人:胡正义	责任编辑:陈　娟
责任印制:董　亮	装帧设计:宋文岚

出版发行:时代出版传媒股份有限公司 http://www.press-mart.com
　　　　安徽人民出版社 http://www.ahpeople.com
　　　　合肥市政务文化新区翡翠路 1118 号出版传媒广场八楼
　　　　邮编:230071
　　　　营销部电话:0551-63533258　0551-63533292(传真)
制　版:合肥市中旭制版有限责任公司
印　制:合肥创新印务有限公司

开本:710mm×1010mm　1/16　印张:10　字数:163 千
版次:2015 年 9 月第 1 版　2015 年 9 月第 1 次印刷

标准书号:ISBN 978-7-212-08241-3　　定价:49.00 元

版权所有,侵权必究

目 录

> 序　言 / 梅仁毅
>
> 前　言

001 | **第一章**
中美人文交流历史回顾
中国和美国，是当今世界上最重要的两个国家，两国维持良好的合作关系对世界和平与发展至关重要。中美两国的人文交流源远流长。从相互认知，到互派人员，到教育、文化等方面的交流，在 18 世纪就已经开始，此后不断深入。

007 | **第二章**
中美两国领导人与两国人文交流
中美人文交流之所以方兴未艾，正是得益于两国领导人的支持与推动。而且，两国领导人身体力行，积极践行人文交流，以普通人的形象展现在人们面前，颇具人文色彩，为中美人文交流起了极佳的表率作用。

021 | **第三章**
中美教育交流
1946 年，美国著名参议员富布赖特主导建立了富布赖特教育交流项目，以促进世界各地个人、机构以及未来领导人之间的和平友谊与相互理解，中国是第一个与美国签订富布赖特交流协议的国家。如今，中美两国在教育领域的交流与合作表现出强劲活力，合作项目不断增多，"教育外交"成为中美交流的重点。

043 **第四章**
中美科技交流
中美科技交流与合作与中美两国关系的解冻、外交关系的建立和双边关系的发展基本同步。中美两国始终本着平等、互利、双赢的精神开展科技合作,不仅有利于加快两国科技事业发展,而且有利于促进世界科技进步,造福于全人类。中美科技合作成为中美关系的支柱之一。

061 **第五章**
中美文化交流
文化是联系人们心灵的纽带。文化交流在中美关系中发挥着重要而独特的作用,对巩固双边关系,加深两国人民了解,发展各自文化至关重要。自1979年两国建交以来,文化交流在中美人文交流中一直充当着重要的角色。

087 **第六章**
中美体育交流
1971年,"乒乓外交"打开了中美关系的大门,"小球推动大球"成为世界外交史上的一段佳话。以中美"乒乓外交"为起点,体育作为联结中美两国人民的桥梁和纽带一直发挥着独特的作用。40多年来,体育拉近了中美两国人民之间的距离,促进了两国人民的相互理解。

103 **第七章**
中美青年交流
青年时期是人生观和价值观形成的重要阶段,青年是未来世界的脊梁。中美两国青年之间加强沟通和对话,增进理解和信任,将为中美关系的长期稳定发展奠定稳固的社会基础和民意基础,并不断注入新的活力。两国青年是中美人文交流的积极参与者,是中美人文交流的生力军,是人文交流最活跃的组成部分。

121 第八章
孔子学院
——中美人文交流的综合平台

孔子学院自2004年建立以来,积极开展汉语教学和文化交流活动,为推动世界各国文明交流互鉴、增进中国人民与各国人民相互了解和友谊发挥了重要作用。美国100多所孔子学院秉持推广汉语教学、传播中国文化、开展教育交流的使命,推动中国文化的多元传播,孔子学院已经成为中美人文交流的综合平台。

143 主要参考文献

145 ▶后　记

序　言

中美两国是世界上最大的两个经济体，也是在国际事务中有重要影响的大国，中美关系无疑是当今世界最重要的双边关系之一。战略互信、经贸合作、人文交流是支撑中美关系大厦的三大支柱，缺一不可。1971年，中美两国以人文交流的形式打破了中美关系的坚冰。此后，人文交流在中美两国关系中一直扮演重要的角色。2009年，在两国元首的倡议下，中美人文交流高层磋商机制应运而生，推动中美人文交流呈现出前所未有的良好态势，交流规模持续扩大，一批人文交流项目在两国社会产生了广泛影响。如今，双方已形成宽领域、多层次、广覆盖的人文交流格局，越来越多的中美民众从中受益。短短36年间，中美两国由人员隔绝往来转变为人员往来每年超过400万人次，这其中不仅有政治互信和经贸合作的推动，更有人文交流带来的两国人民友好交往。人文交流正如同涓涓细流，中美人文交流对于促进民众相识相知、推动中美关系健康发展起着"润物细无声"的积极作用，为中美关系不断积聚正能量。

中美人文交流源远流长，在长期的交往中，两国人民都对对方怀有较好的印象。这也是为什么在经历了20多年的敌对之后，两国人民很快就适应了恢复邦交的新常态，并积极推动中美关系向前发展。李期铿先生撰写的《春风吹又生——中美人文交流足迹》从多个层面反映了这种历史渊源和现实发展。

该书涉及中美人文交流的历史回顾、现实状况和未来走向,以现实状况为重点,还包括作者的思索与启迪,体现了历史、现实和未来的统一。同时,该书涵盖教育、文化、科技、青年、体育等中美人文交流高层磋商机制所涉及的主要领域,还包括孔子学院这一新生事物。该书系统梳理了中美人文交流的进程,在两国人文交流的每一个方面,都梳理重大事件,包括中美人文交流各方面的史实资料和数据,具有一定的资料价值。另外,该书还讲述了一些人文交流故事,其中有些可能是我们耳熟能详的,但作者挖掘出了一些新内容。更多的故事源于作者的亲历实践、耳闻目睹或阅读、采访,故事平凡而又感人。

阅读此书,让我回想起我个人在这交流大潮中的经历。1982年,作为中国高校第一批富布赖特学者,我去了美国耶鲁大学。在美国进修的这一年,我经历了美国大学师生的好奇、探寻、友好、热情。他们渴望了解中国。作为美国研究中心主任,我也在我的学校接待过不少美国教授。我经历过的两件事让我至今不忘。一是一位美国教授申请来中心任教,因为他父亲是原齐鲁大学的教授。他父亲回国后,始终挂念中国,临终前,嘱咐儿子一定要去中国看一看,能够尽力一定要尽力帮助。遵从父命,他来到我们学校。在尽责教学的同时,他访问了他父亲工作和生活过的齐鲁大学旧址,拜访了他父亲以前的同学和朋友。回到美国后,他还利用自己的经历宣传中国。另一个是在美国研究中心任教的富布赖特教授庄岳。他在教学中发现班上一个学习很出色的硕士生来自贫困山区,家庭经济状况不好。他就自掏腰包,连续两学期进行资助,中国师生都很感动。李期铿先生书中讲述的故事更是感人至深。讲好这些故事是我们从事中美人文交流事业的人的责任和义务。李先生自己生活在这种人文交流之中,因此他的书读起来更情深意切。

中美人文交流是构建中美新型大国关系的润滑剂。人与人、心与心的交流有利于消弭隔阂与误解,增进理解与共识。在中美新型大国关系中,人文交流既是"探路者",也是"铺路者"。中美两国要做不同国家和谐共处、不同文明交融互鉴的典范,离不开世代友好的民意基础,离不开人文交流的有力支撑。当然,中美人文交流是一个大题目,一本书难以覆盖各个方面。但愿此书的出版是一个开始,今后会有更多经历者写下他们的经历与体会,让人文交流这个故事越讲越好。

梅仁毅

北京外国语大学教授、美国研究中心主任

2015年5月

前　　言

2014年适逢中美建交35周年。在短短的30多年间,中美关系发展成为全球最重要的双边关系之一,发展势头良好,但仍存在不少矛盾乃至利益冲突。产生这些矛盾和冲突的一个重要原因是双方缺乏足够的了解和互信。"国之交在于民相亲,民相亲在于心相通",这充分说明人文交流对国家间关系的重要性。只有做到民心相通才能达到两国互信,对于中美两个大国尤其如此。

40多年前,中美两国选择以人文交流作为打破两国关系坚冰的突破口。如今,中美两国各领域的相互联系达到前所未有的程度,这其中,人文交流是两国关系发展的重要基础和动力。在中美新型大国关系的构建中,人文交流有着独特的优势,它是国与国、民与民之间增进了解、建立互信的桥梁,是中美关系深化发展的不竭动力。2010年,中美人文交流高层磋商机制的建立标志着两国关系在一个新的领域的深化。

30多年来,中美两国在教育、科技、文化、体育等领域的人文交往中的合作与交流日益频繁,成果丰硕。在这一进程中,中美两国政府发布了哪些重要文件、高层领导举行了哪些重要会晤、双方举办了哪些重要活动?在民间交往中,哪些重要活动和事件促进了两国民众的深入了解?在这些官方和民间人文交流活动的背后,又发生了哪些体现中美友好,推动中美关系向着和谐相处、良性竞争、合作共赢方向发展的动人故事呢?2014年是中美建交35周年,2015年是中美人文交流高层磋商机制建立5周年,在这个重要外交事件纪念年,回顾和梳理中美交往历程,展望中美相互尊重、互利共赢新型大国关系的美好前景,无疑具有重要的现实意义。

在这样的背景下,安徽人民出版社联系笔者,希望合作出版一本有关中美两国人文交流的书籍。经过双方历时一年的努力,最终将《春风吹又生——中美人文交流足迹》这本书呈现在读者面前。全书以中美建交以来的史实为依据，提纲挈领地梳理中美人文交往历程，娓娓讲述中美建交以来在教育、科技、文化、体育等人文交流领域发生的动人故事，从人与人交往的故事入手，以小见大，反映中美关系的历史和现实。

本书的内容特色体现在以下三个方面。

首先是全面性与重点性的统一。本书包括中美人文交流的历史回顾、现实状况和未来走向，从1784年美国商船"中国皇后"号抵达广州，开启中美人民交往的历史至今，以现实状况为重点。同时，本书涵盖中美人文交流的方方面面，包括教育、文化、科技、青年、体育等中美人文交流高层磋商机制所涉及的各个领域，以教育、文化和青年为重点。此外，本书还全面地讲述了孔子学院这一新生事物在中美人文交流中的角色和故事，侧重教育和文化方面。

其次是宏观性与微观性的统一。本书从中美两国政府和领导人对双边人文交流的重视及两国领导人的人文交流实践出发，着笔中美普通民众的人文交流。在两国人文交流的每一个方面，都梳理重大事件，同时深入细致地讲述普通人之间引人入胜的人文交流故事，最后又宏观地推出思索与启迪。

第三是资料性与故事性的统一。本书包括中美人文交流各方面的史实资料和数据，可以说是中美人文交流方面的一部小百科全书。同时，本书挖掘出许多中美普通民众之间真实的人文交流故事，感人至深，雅俗共赏。

在整体内容编排上，本书基本遵循时间顺序和重要性顺序。第一章为中美人文交流的历史回顾，第二章为两国领导人的重视及人文交流实践，以下各章为教育、科技、文化、体育、青年等领域，最后一章为孔子学院。孔子学院放在最后一章不是因为它最不重要，而是因为孔子学院是21世纪初的新生事物，而且在人文交流中发挥综合平台的作用，可以作为一个自然的结尾。

具体到各章，除第一章按时间顺序叙述外，其余各章采取令人耳目一新的布局。首先是开篇，用一段话点明该章的主旨。接着是大事记，梳理该章涉及的重要史实，精选体现交流进程且有重大意义的事件，以大事记的形式概要呈现双方交流的历程，提纲挈领，体现史实的宏观性。然后是引言，以情景再现、概述思考等方式，引入该章的主题，引起读者阅读兴趣。接下来是故事，围绕交流重要事件、重点且影响力较大的项目挖掘故事，凸显主题，以小见大，反映中美关系的历史和现实。再接下来是相关链接，对两国相关人文交流的主要机构、重要项目等做概要介绍。最后是思考与启示，概要总结全章，提出思考及得出启示，同时对未来前景进行展望，力图做一个点睛式收尾。

关于书名，"春风吹又生"象征着中美人文交流多方面的展开及强大的生命力，逻辑主语野草象征人民之间的交往。以"春风"喻指两国关系正常化，尤其是最近几年两国政府的推动就像是春风。期望中美人文交流在两国政府和人民的共同推动下，走进更加绚丽美好的春天！

由于本书涵盖面广，笔者能力、视野和经历有限，一人之力难以完成，曾产生过放弃的想法。是对于本书价值的坚定信念，使笔者最终坚持下来。书中错误和不当之处难免，敬请读者指正，恭请专家学者不吝赐教。

李期铿

2015年5月于夏威夷

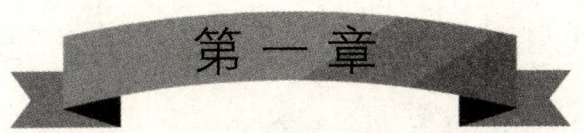

中美人文交流历史回顾

中国和美国,是当今世界上最重要的两个国家,两国维持良好的合作关系对世界和平与发展至关重要。美国著名汉学家费正清先生(John K. Fairbank)说:"为了在人类前途未卜的环境中共同生存下去,美国人和中国人将必须在她们过去彼此如何交往的共同历史中,找出可以共同理解的领域。"①人文交流无疑是两国政府和人民最大的共识。

中美两国的人文交流源远流长。从相互认知,到互派人员,到教育、文化等方面的交流,在18世纪就已经开始,此后不断深入。

美国开国元勋富兰克林、麦迪逊等人曾把中国看成是人杰地灵的文明礼仪之邦,他们深受中国儒家文化的影响。早在美国建国之前,富兰克林便在费城创办的刊物中大力宣扬孔子的为人处世和法治与人道并重的思想。事实上,出于对当时以英国为代表的欧洲思想和文化体系的戒备,美国的建国之父们都将中国流传几千年的文化精髓作为创办新国家的重要参考,这也是为什么美国最高法院的大楼上将孔子与摩西、梭伦并列在最中间的原因。

近代中国第一批开眼看世界的人们对年轻的美利坚合众国充满期待,

---

① 费正清:《美国与中国》,世界知识出版社,2001年版。

怀有好感,对美国开国总统华盛顿更是敬佩、赞赏有加。

1784年8月,美国商船"中国皇后号"经过6个多月的航行,驶入了珠江入海口,完成了从美国到中国的首航,开始了当时世界上最年轻的国家和最古老的国家面对面的直接接触。中美两国的正式接触正是通过民间贸易的形式而开始的。

此后两百多年,中美之间的交往和相互了解不断加深。回顾历史,虽然两国曾有过隔膜和对抗,但两国人民之间的交往一直延续,为推动两国关系发展做出了重要贡献。大致来说,中美两国人文交流的历史可以分为以下几个阶段:

一、1784—1905年:商人、传教士和劳工时期。这一时期的主要特点是美国商人和传教士涌入中国,中国劳工进入美国。

相较于其他国家的商人,美国商人和传教士对中国人的态度明显更为尊重,因而也赢得中国民众的好感。1839年11月,美国人在澳门开设的马礼逊学堂正式开学,这是美国人在中国主持的第一所学校,揭开了中美文化教育交流的序幕。而在马礼逊学堂任教的布朗是第一位以教师身份来华的美国人。马礼逊学堂和布朗为中国学生打开了一扇窗,培养出一批开眼看世界的新型人才,还为中国输送了最早的一批留美学生,包括容闳、黄宽等。

鸦片战争后,美国作为西方列强之一,在侵略中国、攫取对华特权和利益、导致古老的中国逐渐沦为半殖民地半封建的灾难等方面,伤害了中国人民的感情,但其中也不乏一些有益于两国交往的事件,最典型的是《蒲安臣条约》和华工入美。蒲安臣(Anson Burlingame)是其中的典型代表。1868年,清政府第一次向西方国家派遣外交使团,出使美国、英国、法国、普鲁士和俄国,而美国人蒲安臣被清政府任命为团长。由一个外国人担任一个大国的外交代表团团长,这在国际外交史上极为罕见。1868年4月初,蒲安臣使团到达美国旧金山。5月中,加利福尼亚州州长在招待这个使团的宴会上祝贺蒲安臣是"最年轻的一个政府的儿子和最古老的一个政府的代表"。在美国期间,蒲安臣还以中国代言人的身份到处发表演说,强调中国欢迎美国的商人和传教士,而各国应该对中国保持一种明智的态度。他说:"我希望中国的自主,应该维持。我希望它的独立,应该保全。我希望,它能获得平等,这样它就能以平等的特权给予一切国家。"7月28日,蒲安臣与美国国务卿西沃德签订了中国近代史上首个对等条约《蒲安臣条约》,承认中国是一个平等的国家,反对一切割让中国领土的要求。1870年2月23日,蒲安臣在代表中国出使俄国的过程中,因病在彼得堡去世,享年50岁。蒲安臣使团的外交之行总的来说维护了中国的正当利益。他逝世的消息传到北京,清政府深表痛惜。为表彰蒲安臣担任驻华公使时"和衷商办"及出使期"为国家效力",竭力维护中国主权和领土完整,清政府授予其一品官衔,以及抚恤金1万两银子,这些感恩和充满人情味的举动赢得了蒲安臣亲属和其他美国人民的赞赏。

1848年之后中国劳工大量进入美国西部,对美国西部地区的垦殖和中央太平洋铁路建设做出了巨大贡献。美国参议院的一份档案文件曾指出:"没有华工,就没有西部的垦殖。华工使荒土变为良田。"横贯美国的中央太平洋铁路建设,如果没有华工的劳动和智慧,修建铁路所花的时间将远远不止7年。在全长近1100公里的中央太平洋铁路上,有95%的工作是在华工加入筑路大军的4年中完成的。这条伟大铁路最艰险的路段,是由以中国人为主的工人修建的。在中央太平洋铁路公司的铁路工人薪水发放记录中,华工的比例在工程后期甚至高达95%。可以毫不夸张地说,大铁路是华工用生命铺就的。广为流传的"每根枕木下面都有一具华工的尸骨",这句话绝非夸大其词。为了表彰中国铁路工人的业绩,美国伊利诺伊州政府于1991年在中国上海衡山公寓门前用3000枚铁路道钉塑造了纪念碑,上面刻着:中国建路工人所作的贡献是连接美国东西海岸并促成其国家统一的一个重要因素。

1872年,清政府派30名中国少年赴美国留学,到1875年共分4批派出125名留学生。中美两国之间的人文交流正是源自早期来华的传教士、商人以及中国赴美的劳工和留学生。

二、1905—1937年:深化交往时期。这一时期中美两国人民的交往全面深化,尤以教育为甚。最著名的事件包括中国学生"庚款留学"、美国著名哲学家杜威在华"五大演讲"等。

经过美国教育界人士和传教士的推动,1907年12月,美国总统西奥多·罗斯福咨文国会退还部分庚款,经两院讨论通过,次年5月25日,批准生效。同年7月11日,美国驻华公使柔克义向中国政府正式声明,将美国所得"庚子赔款"的半数退还给中国,作为资助留美学生之用。1908年10月28日,两国政府草拟了派遣留美学生规程:自退款的第一年起,清政府在最初的4年内,每年至少应派留美学生100人。如果到第4年就派足了400人,则自第5年起,每年至少要派50人赴美,直到退款用完为止。被派遣的学生,必须"身体强壮,性情纯正,相貌完全,身家清白,恰当年龄",中文程度须能作文及有文学和历史知识,英文程度能直接入美国大学和专门学校听讲;并规定他们之中,应有80%学农业、机械工程、矿业、物理、化学、铁路工程、银行等,其余20%学法律、政治、财经、师范等。

考取庚子赔款而留美的中国学生,在后来的几十年间成了中国学术界最闪亮的明星,包括语言学家赵元任、气象学家竺可桢、著名学者胡适等。而他们的言传身教,又深深地影响了后来者。到了20世纪30年代,美国已超过日本,成为中国留学生最多的国家。而同时,美国人在中国建立了12所教会大学,这其中包括赫赫有名的燕京大学。清华大学的建立也是得益于美国的庚子退款。洛克菲勒基金会则资助了中国学者们的农村调查与考古行动。100年前,时任芝加哥大学校长贾德森等4人赴中国考察,回国后写成题为《中国医学》的报告,并建议在中国建立一所医科大学,最终促成了北京协和医学院成立。该院如今已成为中国最好的医学院之一,在协和医院的档案馆里,至今保存着这份报告。

期间,一位普通的中国人也对美国文化教育做出了贡献。他叫丁龙,在一个叫贺拉斯的美国人家中当仆人。当丁龙退休时,贺拉斯为了感谢他几十年的真诚付出,表示愿意尽其所能满足他的愿望。出人意料的是,丁龙唯一的请求就是把他一生积攒的1.2万美元,由贺拉斯出面捐给美国著名大学建一个汉学系,让更多的美国人了解他的祖国和人民。贺拉斯深为感动,几乎倾其家产,与丁龙共同捐资建立了至今享誉世界的哥伦比亚大学东亚系。

三、1937—1945年:盟友时期。这一时期的主要特点是中美两国成为世界反法西斯战争的盟友,两国人民相互支持。

在"卢沟桥事变"之后的艰难岁月里,美国人民为了支援中国抗战,发起了"一碗饭一元钱运动",每人节约一碗饭、一元钱,救济因战争而流离失所的中国难民。仅在1938年6月17日,美国就有2000个城市近百万人参加这一活动,筹款数额达 100 多万美元。

期间,美国"飞虎队"和"驼峰航线"飞行员等为中国抗日战争做出了巨大贡献,中国人民也多次冒着生命危险救助和保护美国英雄。其中,美国飞虎队飞行员莫尼(Robert Mooney)勇救中国百姓的故事更是被中美人民铭记了 70 余年。1942 年 12 月 26 日,日军大批轰炸机袭击云南。一位名叫莫尼的美军"飞虎队"中尉飞行员击落一架日军飞机后,自己的战机也遭到严重毁坏,为了避免对平民造成伤亡,他选择继续操作飞机,最终自己与飞机一起坠毁在郊外。他舍身救祥云城的壮举,深深地感动了当地民众,人们纷纷自发地捐款捐物,厚葬这位美国飞行员,并为他建立起一个永久性的纪念碑。2002 年 10 月 17 日,时任中国国家主席江泽民访美前夕,反映中美两国人民齐心协力抗击日本法西斯的大型展览"历史的记忆"在华盛顿隆重开幕。作为该活动的内容之一,一些"飞虎队"和"驼峰航线"的老飞行员及其亲友,同远道而来的昔日救助美军飞行员的部分中国百姓亲切相会。抢救过莫尼中尉的名医董济元之子董锡林先生见到了莫尼中尉的弟弟等亲友。董锡林在发言中深情地缅怀了莫尼中尉和他的感人事迹,代表祥云人民把云南名酒"云南红"赠送给莫尼的亲友,以表达感激之情,并祝福中美两国人民世代友好下去。

四、1945—1979 年:寒流时期。

这一时期中美两国官方关系紧张敌对,相应地,两国民众的交往也相对减少,但一些美国友人仍对新中国革命和建设做出了贡献,如:向世界介绍了真实中国的艾格尼丝·史沫特莱、安娜·路易斯·斯特朗、埃德加·斯诺,为新中国农业发展献出毕生精力的韩丁(William Hinton)、阳早(Erwin Engst)和寒春(Joan Hinton),心系中国卫生事业的美国友人马海德(英文原名 George Hatem)等。

1971 年中美关系开始解冻,中美人文交流逐渐恢复。1979 年中美建交,中美人文交流重获生机,可谓"春风吹又生"。

历史上中美两国人民之间的友谊和交流故事在两国关系的历史记录中没有得到足够的重视,不少记载只是简洁地介绍了部分史实或部分人物事迹,缺乏对两国人文交流系统的介绍和论述。我们重温两国人民友好交流的历史以及在这一过程中涌现出的感人事迹,更能把握两国关系的真谛,有利于两国人民增进了解和感情。

中美两国的政治关系虽然在一定程度上影响两国人民之间交流的深度和广度,但两国人民的交流和友谊与两国的政治关系并不完全成正比。即使在两国政治关系的冰冻期,两国人民之间的交流和友谊也未间断。可以说,从1784"中国皇后号"抵达广州之日起,中美两国人民就开始了交流和友谊的历史,并一直持续不断,无论两国的政治关系如何。

中美两国人民友好交流的历史虽然没有得到系统的论述,但两国人民交往中的各种感人故事并没有被人遗忘,还是以各种形式流传下来,许多人物事迹甚至已经被树碑立传,供后人瞻仰和纪念。尽管如此,许多故事似乎并没有得到广泛的流传,两国大部分民众对许多中美两国人民之间友谊的故事似乎并不知情。我们需要做出更大的努力,让两国更多民众了解两国人民交往中结下的深厚情谊。

当前,中美两国正努力建立新型的大国关系。这种新型关系的一个重要内涵就是加强人文交流。目前,中美两国已经进行了五轮中美人文交流高层磋商。2014年11月在北京召开的APEC(亚太经济合作组织)会议期间,中美两国领导人宣布双方将为前往对方国家从事商务、旅游活动的另一方公民颁发有效期最长为10年的多次入境签证,为从事留学活动的公民颁发有效期最长为5年的多次入境签证,进一步彰显了中美两国政府对两国人文交流的重视。可以预见,中美人文交流将迎来新的春天,两国人民之间必将凝结更深的友谊,诞生更多感人的故事。

"最好的外交家是人民",此言甚是。

第二章

中美两国领导人与两国人文交流

子曰:"上者,民之表也。表正,则何物不正!"意思是说,领导者是民众的表率。表率作用好,任何事情都会好起来。这是中美人文交流的真实写照。中美人文交流之所以方兴未艾,正是得益于两国领导人的支持与推动。而且,两国领导人身体力行,积极践行人文交流,以普通人的形象展现在人们面前,颇具人文色彩,为中美人文交流起了极佳的表率作用。

大事记

1971年4月	两国领导人以人文交流为突破,开展"乒乓外交",打破中美关系坚冰。
1972年2月28日	中美两国发表《上海公报》,标志着两国关系正常化进程的开始,为以后中美关系的进一步改善和发展打下了基础。双方同意,扩大两国人民之间的了解是可取的,两国各自承诺对进一步发展这种联系和交流提供便利。
1979年1月28日-2月5日	邓小平副总理访美,向美国人民转达中国人民的情谊。"聚旧家宴"和牛仔帽形象充满人文色彩。
1982年8月17日	中美两国发布《八一七公报》,双方决心本着平等互利的原则,加强经济、文化、教育、科技和其他方面的联系,为继续发展中美两国政府和人民之间的关系共同做出重大努力。
1997年10月	江泽民主席访美期间,中美发表联合声明,指出将继续扩大科技、教育和文化交流。
1998年6月	克林顿总统访华,在上海人民广播电台的《市民与社会》热线直播节目担任嘉宾,成为与中国市民通过热线对话的第一位美国最高领导人。
2002年10月	江泽民主席访美,并在得克萨斯州克劳福德美国总统布什的私人牧场与他进行了会晤。

2006年4月	胡锦涛主席访美，在波音公司的演讲台上，当场戴上波音员工赠送的棒球帽，并给对方一个美式拥抱，颇具人文气息。
2009年11月	奥巴马总统访华，中美发表联合声明，为促进人文交流，双方原则同意建立一个新的中美人文交流双边机制。
2010年5月	中美人文交流高层磋商机制在北京正式成立并举行第一次会议，刘延东国务委员和希拉里·克林顿国务卿共同担任机制的主席，中美人文交流进入了新的历史阶段。
2011年1月19日	胡锦涛主席访美，中美两国发布的《中美联合声明》突出"扩展人文交流"。
2011年4月	第二轮中美人文交流高层磋商在华盛顿举行。会议总结了中美人文交流高层磋商机制成立一年来两国人文交流与合作取得的进展和成果，规划了今后一个时期中美人文交流的总体框架、阶段重点和工作原则。
2011年7月、12月	中美乒乓外交40周年纪念活动分别在中美两国举行，习近平副主席，卡特前总统、舒尔茨前国务卿分别参加了有关活动。
2011年7月	胡锦涛主席邀请美国芝加哥市佩顿中学师生来华访问，给中美人文交流添上了厚重一笔。
2011年8月	拜登副总统访问中国，观看中美篮球友谊赛。
2011年11月	胡锦涛主席在出席亚太经合组织夏威夷会议期间与奥巴马总统会晤，进一步探讨深化中美人文交流。
2012年2月	习近平副主席访美，开展人文之旅，观看NBA(美国男子篮球职业联赛)，重访艾奥瓦州马斯卡廷小镇。
2012年5月	第三轮中美人文交流高层磋商工作会议在北京举行。中美双方150余名代表分教育、科技、文化(青年)、体育和妇女5个工作组，围绕近30个议题进行磋商。

2012年11月	中国共产党十八大报告明确提出将扎实推进公共外交和人文交流。
2013年3月	习近平在当选国家主席后的第一时间应约与奥巴马总统通话,表示要维护和发展好中美人文交流高层磋商等重要机制。
2013年6月	习近平主席访美,在加利福尼亚州安纳伯格庄园同奥巴马总统举行会晤。两国元首表示将共同推动新一轮人文交流高层磋商取得积极务实成果。
2013年11月	中国国务院副总理刘延东和美国国务卿约翰·克里在华盛顿共同主持了第四轮中美人文交流高层磋商。刘延东和克里分别代表中美两国续签了《关于中美人文交流高层磋商机制的谅解备忘录》。
2014年7月	第五轮中美人文交流高层磋商在北京举行。该轮磋商以"缔结青年纽带,塑造和平未来"为主题。双方共达成104项合作共识。

引 言

1979年1月28日,美国总统国家安全事务助理布热津斯基家

傍晚时分,位于美国弗吉尼亚州麦克莱恩镇的布热津斯基家迎来了邓小平和夫人卓琳。老朋友相见,布热津斯基与邓小平紧紧握手。布热津斯基说:"很高兴再次见到您!欢迎光临我家做客。"邓小平则说:"谢谢您的邀请。我是来履行承诺的,中国人说话是算数的!"说完,宾主哈哈大笑起来。原来,1978年5月布热津斯基到北京与中国高层商谈中美两国关系全面正常化问题时,邓小平曾在颐和园设午宴款待。席间布热津斯基说,如果邓小平访美,一定请他到家中吃一顿美国式的普通晚餐。这顿"聚旧家宴"是邓小平及夫人抵达华盛顿第一晚外出参加的首次活动。家宴上宾主怀旧说新,气氛融洽。布热津斯基夫人亲自下厨,他们的三个儿女担任"侍者"。这是中美建交后双方高层的首次见面,而且是通过"聚旧家宴"这种私人交往的方式,为中美两国的人文交流树立了一个榜样,开了一个好头!

▶ 故 事

领 袖 球 情

　　篮球运动在中美两国都非常普及，深受普通民众、尤其是青少年的喜爱。特别是在姚明等中国优秀篮球选手登陆NBA之后，篮球更成为连接中美关系的重要纽带，成为中美友谊的象征。无独有偶，中美两国领导人对篮球也情有独钟，篮球成为中美两国领导人活动与交流的重要内容。中美两国领导人像普通球迷一样享受篮球比赛，富有人情味。

　　2008年8月10日，美国总统布什一家亲临北京五棵松篮球馆观看奥运会中国男子篮球队与美国"梦八"队比赛。他们坐在普通席上，与普通观众一样欣赏高水平的篮球比赛。布什对这场比赛期待已久。布什总统、老布什总统等不时为球员们的精彩表现鼓掌喝彩。

　　2011年8月17日晚，刚刚抵达北京开始对中国进行正式访问的美国副总统拜登来到曾经举办过2008年北京奥运会的国家奥林匹克中心，观看中国山西中宇猛龙队和美国乔治敦大学队之间的中美篮球友谊赛。赛前，体育馆内特意奏响中美两国国歌，场内也悬挂着两国国旗。进场后，拜登专门走到队员们面前，和他们握手问好。对阵的两支球队在中美篮球交往中渊源颇深。1978年，中国派出第一支家篮球队到美国，就是与乔治敦大学篮球队对战。山西中宇猛龙队则在2010年引进前NBA全明星队员斯蒂芬·马布里。比赛进行得既精彩激烈，又气氛友好。比赛过程中，拜登兴致勃勃，与场上乔治敦大学队的亲友啦啦队和中国观众不时为双方球队的精彩表现拍手叫好。

　　2012年2月17日晚，正在美国洛杉矶访问的习近平副主席来到著名的斯台普斯中心 NBA 比赛现场,观看洛杉矶湖人队和菲尼克斯太阳队的比赛。习近平非常专注地观看比赛,遇到精彩之处与身旁陪同观赛的维拉莱戈萨热烈讨论,不时开怀大笑,像一个球迷一样享受比赛的乐趣。一位球迷说:"他很有趣,也很亲切。中国领导人来现场看比赛,这太酷了!"习近平对华盛顿邮报记者说:"NBA 比赛令人激动,在全世界有很强的吸引力,在中国很流行。我有空时会收看 NBA 比赛。"

比赛结束后,洛杉矶市市长维拉莱戈萨向习近平赠送了一件印有习近平名字拼音的湖人队 1 号球衣,湖人队当家球星科比·布莱恩特也向习近平赠送了他的签名球鞋。科比和他的队友赛后都对习近平的到来表示非常荣幸。马特·巴恩斯认为:"不论任何时候,一个国家的领导人能来看我们比赛,对我们都是极大的荣幸。希望我们能够给他一场精彩的比赛。"湖人后卫高德洛克还让人在他的匹克篮球鞋上用中文写上"欢迎"的字样,而有意思的是,匹克是中国品牌。魔术师约翰逊和湖人超级球迷贝克汉姆也走向前来问候习近平。

这是中国领导人首次现场观看 NBA 比赛。此前,习近平副主席与奥巴马总统在白宫椭圆形办公室见面时就讨论了篮球,并聊到当时掀起"林疯狂"的华裔 NBA 球星林书豪。奥巴马说:"我知道您要去洛杉矶,准备观看湖人队的比赛。希望您能享受比赛的乐趣!"

习近平本来还打算在洛杉矶观看洛杉矶快船队的一场比赛,因为快船拥有 NBA 当今第一控卫克里斯·保罗,由于时间紧而未能成行。也许,这个遗憾会在下一次访问美国时弥补的。

魂系鼓岭

福州鼓岭,秀丽的山峦,清澈的小溪,淳朴的民风。1901 年,不到 1 岁的弥尔顿·加德纳(Milton Gardner)随父母从美国来到这里。9 年之后,在恋恋不舍中，他离开青山绿水的鼓岭，离开天真无邪的儿时玩伴，随父母回到美国。

加德纳先生长大以后成为加州大学戴维斯分校物理系教授。然而，在鼓岭度过的美好童年使他一家与中国结下了不解之缘。虽然在近一个世纪中历经频仍战乱，颠沛流离，但加德纳一家一直精心保存着从中国带回的书画等艺术品，甚至当年用过的邮票，教授夫妇对中国深深的依恋之情可见一斑。

加德纳教授68岁退休之后，最大的心愿就是重回儿时的中国故乡看看。只可惜最初几年中美关系尚未解冻，无法成行。后来中美关系好转，但加德纳先生又罹患重病，无法远行，只能靠妻子伊丽莎白用轮椅推到花园，面西而坐，凝视远方。老人1986年去世，弥留之际口中喃喃不绝的"Kuling, Kuling……"，令爱妻下定决心，一定要还丈夫遗愿，重访那个叫"Kuling"的地方。

此后，加德纳太太多次造访中国，但始终未能问到"Kuling"是何许地方。最后，在一位中国留学生朋友的帮助下，终于弄清了丈夫所说的"Kuling"是福州鼓岭。这位留学生感叹于加德纳夫妇的中国情愫，于1992年4月8日在《人民日报》发表《啊，鼓岭！》的文章，引起时任福州市委书记习近平的重视。习近平立即通过有关部门与加德纳夫人取得联系，专门邀请她访问鼓岭。

1992年8月22日，加德纳夫人抵达福州，习近平与她见面，并互赠礼物。随后，她抵达期待已久的鼓岭，一下车就兴致勃勃地在山上走来走去。在一棵高大的柳杉前，加德纳太太仰起头看着，对随行人员说："加德纳告诉我，他以前就跟中国的小伙伴们比赛看谁先爬到树顶，加德纳赢了高兴得在树上哈哈大笑。"当日下午加德纳太太与加德纳儿时的伙伴见面。见到加德纳的9位儿时中国玩伴，加德纳太太非常兴奋，走上前去热情地跟每位老人握手拥抱。她跟这群90多岁的中国老人说："虽然隔了这么多年，但人的感情，对故地的思念把我们联系在一起。我是来替丈夫重续友谊的，我的丈夫是中国人。"

接下来的几天，加德纳太太都在鼓岭拜访村民，重续情谊。一位小时曾上过"洋学堂"的村民用英语对加德纳太太说，"欢迎你再来鼓岭"，加德纳太太喜笑颜开。在一户村民开办的山庄访问后,加德纳太太在留言簿上写道:"我很高兴来这里跟你们相会,谢谢你们邀请我到你们家里来。伊丽莎白·加德纳。"临走时,她握着主人的手说:"希望你以后到美国加州来做客,我代表加德纳全家人诚挚邀请你。"

2012年2月,习近平访问美国,在出席美国友好团体欢迎午宴发表讲话时,特别讲到这个鼓岭故事,令在场的中外嘉宾无不动容。

相关链接

2011年1月中美联合声明

2011年1月19日,胡锦涛主席访美,中美发表联合声明,突出"扩展人文交流"。联合声明指出:中美两国一贯支持开展更加广泛深入的人文交流,这也是双方建设相互尊重、互利共赢中美合作伙伴关系努力的一部分。双方同意采取切实步骤加强人文交流。双方满意地注意到,2010年上海世博会取得成功,中方对美国馆的成功展示向美方表示祝贺。双方宣布建立中美省州长论坛,决定进一步支持两国地方各级在一系列领域开展交流合作,包括增强友好省州和友好城市关系。中美还同意采取切实措施,特别是通过"十万人留学中国计划",加强两国青年之间的对话与交流。美方热忱欢迎更多中国学生赴美留学,并将继续为他们提供签证便利。双方同意讨论扩大文化交流的途径,包括探讨举办中美文化年及其他活动。双方强调将进一步推动相互旅游并为此提供便利。双方认为,所有上述活动都有助于深化了解、互信与合作。

中美人文交流高层磋商机制

2010年5月25日,中美人文交流高层磋商机制(China-U.S.High-Level Consultation on People-to-People Exchange)在北京正式成立,中国国务委员刘延东和美国国务卿希拉里·克林顿共同担任机制的主席。双方每年轮流在两国召开人文交流高层磋商会议。目前,机制覆盖的6个领域为教育、科技、文化、体育、妇女和青年等。目前,该机制已经成为深化两国相关领域人文交流与合作的重要平台,逐步确立了人文交流在建设相互尊重、互利共赢的中美合作伙伴关系中的重要支柱地位。

第一轮中美人文交流高层磋商

2010年5月25日,中美人文交流高层磋商机制在北京举行第一次会议,刘延东国务委员和希拉里·克林顿国务卿共同担任机制的主席。

刘延东和克林顿分别代表两国政府签署了《关于建立中美人文交流高层磋商机制的谅解备忘录》。中美人文交流高层机制第一次会议就教育、科技、文化、体育等领域共同关心的问题进行了广泛而深入的讨论,并宣布启动一系列人文交流项目,包括美国未来4年派遣10万名学生来华留学,中国未来4年派遣万名学生赴美攻读博士学位,实施汉语桥万人来华研修项目,资助重点领域设立联合研究中心和乒乓外交40周年纪念活动等。

第二轮中美人文交流高层磋商

2011年4月10日至16日,刘延东国务委员与希拉里·克林顿国务卿在美国首都华盛顿共同主持第二轮中美人文交流高层磋商。会议全面总结了中美人文交流高层磋商机制成立一年来两国人文交流与合作取得的进展和成果,规划了今后一个时期中美人文交流的总体框架、阶段重点和工作原则,并就进一步加强教育、科技、文化、妇女、青年、体育等领域合作达成一系列重要共识,确定了数十项合作项目。

第三轮中美人文交流高层磋商

2012年5月4日,第三轮中美人文交流高层磋商在北京举行。中国国务委员、中美人文交流高层磋商机制中方主席刘延东与美国国务卿、中美人文交流高层磋商机制美方主席希拉里·克林顿共同主持会议。会议全面总结了中美人文交流取得的进展,规划了今后一个时期的工作思路,并就加强教育、科技、文化、体育、妇女、青年等领域合作达成一系列重要共识,确定了数十项合作项目。

第四轮中美人文交流高层磋商

2013年11月21日,第四轮中美人文交流高层磋商在美国首都华盛顿举行,中国国务院副总理刘延东与美国国务卿约翰·克里共同主持,刘延东副总理与约翰·克里国务卿共同倡议中美各界积极参与人文交流,为中美构建新型大国关系做出贡献。双方还就未来的合作达成了75项共识,并将围绕"青年与创新"主题在2014年继续合作开展活动。刘延东和约翰·克里代表两国政府续签了《关于中美人文交流高层磋商机制的谅解备忘录》,这是继两国领导人2013年6月在美国加利福尼亚州安纳伯格庄园会晤达成构建大国新型关系重要共识之后两国在人文交流领域里的一次重要活动。

第五轮中美人文交流高层磋商

2014年7月9日,第五轮中美人文交流高层磋商在北京举行。该轮磋商以"缔结青年纽带,塑造和平未来"为主题。刘延东副总理与美国国务卿约翰·克里共同主持高层磋商全体会议并致辞。双方指出,中美建交35年来,人文交流与政治关系、经贸合作相生相伴、互为支撑,成为两国关系中最稳定、成果最丰硕的领域,在中美人文交流高层磋商机制推动下,两国人文交流规模持续扩大,合作水平不断提升,引领作用日益呈现。双方倡议进一步密切和扩大两国人文交流。该轮磋商期间,双方共达成104项合作共识。

▶ 思考与启示

纵观中美两国领导人与两国人文交流的历程,我们可以得出以下思考与启示。

首先,领导人的支持引领是两国人文交流方兴未艾的引擎,中美人文交流高层磋商机制成为两国关系的亮点。40多年前,中美两国具有远见卓识的政治家们选择了以人文交流作为突破口,打破了两国关系的坚冰。在新的历史时期,两国政府决定建立中美人文交流高层磋商机制,并写入2009年11月的《中美联合声明》,这也得益于胡锦涛主席和奥巴马总统的重视和支持。这一由两国元首亲自倡导、政府积极主导、人民广泛参与的中美人文交流高层磋商机制,已经成为两国关系的亮点,成为深化两国相关领域人文交流与合作的重要平台,两国高层交往愈发充满了人文交流色彩。

第二,领导人在人文交流方面的示范作用影响很大。一方面,领导人身体力行,积极建立私人关系让公众看到人文交流在对外交往中的独特魅力。邓小平、江泽民、习近平等中国领导人都与美国领导人在私人场所见面交流,建立良好的私人关系。另一方面,领导人展现普通人的一面,显得很有亲和力,赢得媒体和民众关注,好评如潮。习近平2012年2月访美一系列人情味浓厚的外交言行赢得了国际舆论的赞扬,成功塑造了一个开放自信的"中国形象"。

第三,两国领导人在对方国家访问时可以更多地展示普通人的一面,多来些平民秀。在全球化的时代,国家形象已经上升到国家利益的层面,一个国家对外形象的好坏,决定着这个国家被世界包容的程度。领导人的一言一行会受到公众的高度关注,领导人的形象最能直观地体现国家形象。领导人展示普通人的一面以及亲民的一言一行,能给公众留下深刻印象,给国家形象加分,最终促进两国人民的友谊和感情。1979年邓小平访美时在牛仔竞技场上出其不意地戴上牛仔帽,沸腾欢呼声响彻全场。这位中国一代伟人面带微笑、向美国人挥手致意的一幕,成了中美关系一个永久的象征。

第四,信息时代,媒体塑造国家形象的作用超乎想象。领导人在对方国家访问,可充分利用对方媒体,积极面对对方媒体,在与媒体打交道时展示普通人的一面,展现友好亲民、开放自信的形象,体现人情味。

第三章

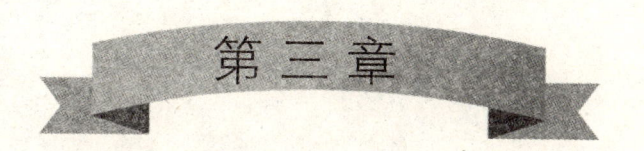

中美教育交流

美国著名参议员富布赖特说:"教育交流能把国家变成人民,没有哪种形式的交流能像教育交流那样促进国际关系的人性化。"正是基于这样的信念,1946年,他主导建立了富布赖特教育交流项目,以促进世界各地个人、机构以及未来领导人之间的和平友谊与相互理解,而中国正是第一个与美国签订富布赖特交流协议的国家。如今,中美两国在教育领域的交流与合作表现出强劲活力,合作项目不断增多,"教育外交"成为中美交流的重点。

大事记

1978年10月	中美两国正式宣布互派留学生和访问学者。
1978年12月	新中国首批50名赴美留学人员到达美国,美国也派遣8名学生和学者来华学习中国历史和文化,开启了两国当地教育交流的先河。
1979年	北京外国语学院成立美国研究中心,是中国高校成立的第一个美国研究中心。
1980年	美国哥伦比亚大学、哈佛大学、麻省理工学院等58所大学物理系联合在中国招收研究生。
1980年	中美重启富布赖特交流项目。
1981年5月	中国社会科学院美国研究所成立,是中国第一所多学科、综合性的美国研究机构。
1981年7月	中国教育国际交流协会成立,美国也成立类似机构,为促进和发展中美两国的民间教育交流发挥了积极作用。
1985年7月	中美两国签署《中华人民共和国政府和美利坚合众国政府教育交流合作议定书》。1990年、1993年、1995年和1998年,该议定书到期后分别由两国代表续签。
1985年	复旦大学成立美国研究中心。

1986年	南京大学和美国约翰·霍普金斯大学在南京开办"约翰·霍普金斯大学–南京大学中美文化研究中心"(Johns Hopkins University–Nanjing University Center for Chinese and American Studies)。
1998年6月	中美两国签署《中华人民共和国政府与美利坚合众国政府关于在中国实施美国志愿者项目的协议》,由美方派遣美国志愿者来华从事英语等教学工作。
2000年3月	中美两国签署《中华人民共和国政府和美利坚合众国政府教育交流合作协定》。2006年4月续签。
2002年10月	中美两国签署《中华人民共和国教育部和美利坚合众国教育部开展网络语言教学合作项目谅解备忘录》。
2003年5—6月	教育部副部长章新胜赴美访问,以推动中美教育高层建立固定的磋商、对话机制,促进民间教育交流的持续发展。
2005年7月	中美正式开始了政府间在中小学科学(物理、化学、生物)和数学领域的教育交流与合作。
2006年11月	中美两国教育部签署《关于进一步扩大教育合作与交流的谅解备忘录》。根据备忘录,两国将在教育高层磋商机制、语言教学、高层次人才联合培养和联合科研以及基础教育领域进一步加强合作,标志着两国教育合作与交流上了一个新台阶。
2009年11月	奥巴马总统访华,中美发表联合声明,美方将启动"十万强计划",今后4年向中国派遣10万名留学人员。美方将接受更多中国留学人员赴美学习并为中国留学人员赴美提供签证便利。
2011年4月	2011年4月,中国政府宣布实施"三个一万"项目,即继续执行"公派万名学生赴美攻读博士学位"和"汉语桥"万人来华研修项目,新设1万个中美人文交流专项奖学金名额。

2013年1月	美国成立"十万强基金会",旨在使"十万强"计划长期化。
2013年	中美两国教育部续签教育合作备忘录,双方同意继续推进省州教育合作,分享最佳实践。
2014年3月	美国第一夫人米歇尔·奥巴马访华,可谓"教育之旅",有力地推动了中美教育交流与合作。

引 言

2014 年 5 月 10 日，美国洛杉矶市中心万豪酒店，第七届全美中文大会现场

2014 年全美中文大会举行第五场全会，主题是"人文交流经历：全球化学生，全球化技能"。四位曾在中国沉浸式学习的美国青年担任论坛嘉宾，包括知名互联网博主、"OMG！美语"和"疯狂新鲜汉语"创始人白洁（Jessica Beinecke），著有《美丽的国家》的哈佛大学学生约翰·兰多夫·桑顿，"十万强计划"学生大使、华盛顿大学学生成吉汉（Philmon Haile），曾参加 2012 年"汉语桥"并获得预赛亚军、亚利桑那州立大学学生马麟（Zachary M 艾尔 n）。主持人为美国"十万强基金"主席卡罗拉。4 位嘉宾分享了他们在中国学习和生活的经历。成吉汉表示，"随着我们迈入公民外交的新时代，出国学习，了解其他国家的文化，是成为现代社会需要的'世界公民'的重要手段，是人文交流的有效途径"。白洁呼吁更多人加入到她的行列中，继续促进中美教育文化交流。

▶ 故 事

美国小姐妹，孜孜中国情

  2012年春天，一位父亲带着两位六七岁的小女孩来到夏威夷大学孔子学院。孔子学院的老师们以为这两位小姑娘想来报名学习中文，不料，女孩们的父亲理查德·欧斯曼（Richard Osman）先生说："大女儿叫欧凯特（Kate Osman），小女儿叫欧凯丽（Claire Osman），她们学了两年多中文了，我想请你们看看她们的水平怎么样，并希望得到一些指点。"孔子学院的老师与两位小姑娘对话，考她们认字，发现她们不仅字正腔圆，还能准确读出数百个汉字。欧斯曼先生不无自豪地告诉我们，他希望两位女儿将来无论从语言还是从文化上，都与中国人无异。夏威夷大学孔子学院向两位小姑娘赠送了教材和读物，并欢迎她们常来孔子学院做客。

凯特和凯丽在夏威夷大学孔子学院春节庆典上演唱中国歌曲

欧斯曼先生认为，女儿要成为语言与文化上的"中国人"，必须从小在中国与普通小学生一起接受教育。显然，欧斯曼先生早就在为女儿到中国上小学做准备。在访问夏威夷大学孔子学院之后，欧斯曼先生正式开始行动。他一方面积极联系在北京的工作，一方面多次与笔者邮件和电话联系，了解北京的小学、气候、生活等情况。2012年春夏，欧斯曼先生两次到北京考察，最终为女儿选择了北京市海淀区第二实验小学，而他本人则作为北京市政府聘请的专家在北京生命科学研究所工作。

欧斯曼带着凯特和凯丽于2012年8月底来到北京，凯特在北京市海淀区第二实验小学上三年级，凯丽上二年级。在异国他乡，一位忙于工作的父亲要照顾两位年幼女儿的生活、学习等等，难度可想而知。但欧斯曼先生有热情友好的同事和朋友帮忙，在出行、购物等方面，同事和朋友们给父女三人提供了很多方便。凯特和凯丽还经常在学校的晚会、欧斯曼先生的同事和朋友们举办的聚会上演唱中文歌曲，小姐妹在给大家带来惊讶的同时，还带来无比快乐。2013年1月，夏威夷大学孔子学院举办春节庆典，特别邀请回夏威夷度假的欧斯曼先生一家参加，凯特和凯丽在庆典上用准确的中文演唱《小草》，赢得阵阵喝彩。

小凯丽与同学们参加校运动会

在北京一年的学习很快结束了。两位女儿都完全融入中国,举止也与中国女孩一样。两姐妹是海淀区第二实验小学仅有的两名外国学生。欧斯曼先生说:"这对她们是令人振奋的探险,她们就像是北京小姐,有时做梦都在说中文。凯特还获得了作文比赛的奖项。"凯特的语文老师说,一年之内凯特从班上的落后生进步到最好的学生之一,小姐妹的中英文真正同样流利了。尽管此前女儿在家庭教师的指导下学了4年中文,但欧斯曼先生对于女儿的适应能力还是感到惊喜。欧斯曼先生说,女儿的成长和进步是他最大的收获。他决心让两姐妹在中国至少读完小学。

凯特与老师和同学们在一起

2013年9月,她们转学到福建省厦门市演武小学,分别升到四年级和三年级,欧斯曼先生则在厦门大学担任外国专家。同样,凯特和凯丽经常在演武小学的晚会上演唱中国歌曲,还在厦门大学外国专家聚会上表演,在广场跳绳锻炼的妇女们也特别喜欢这对美国小姐妹。在厦门,父女三人在忙于工作和学习的同时,结交了很多当地朋友,不断发现新的好玩的地方。他们买了自行车,探索美丽的厦门大学校园和富有历史文化气息的鼓浪屿,还在朋友的带领下到泉州唱了卡拉OK。欧斯曼先生收养了两位中国女儿,孙燕和兰兰,这可把凯特和凯丽乐坏了,她们发表了自己的"解放宣言":"从现在开始周末我们要和兰兰和孙燕在一起。"小姐妹特别喜欢与两位收养的姐姐在一起玩,一起滑冰、郊游。2014年春节前,两姐妹首次分开行动:凯丽与兰兰到了信阳老家,而凯特和孙燕则回到衢州老家。不久,欧斯曼带着两位女儿和两位养女到北京,在紫禁城附近为凯特庆祝10岁生日,逛王府井,玩得十分尽兴。

凯特、凯丽小姐妹和父亲欧斯曼先生还在续写他们在中国的故事。他们在中国的学习和工作不仅让他们更加了解中国、融入中国，也让更多的中国小学生和其他朋友了解美国。同样，欧斯曼先生与笔者定期的邮件交流也一定会继续。

北卡绿堡，我的第二故乡[①]

2013年10月25日，我专程从夏威夷檀香山飞往北卡罗来纳州绿堡市，看望阔别6年多的朋友们。6年多过去了，我们一家与绿堡的许多朋友依然保持密切联系，我内心一直有种强烈的负担，一定要尽快回到绿堡，因为，我们的朋友有的已经住进了老人公寓。

2006年8月，我作为富布赖特驻校学者（Fulbright Scholar-in-Residence）来到位于绿堡的吉尔福德学院，为该校本科生讲授中国现当代文学、中国当代社会与文化和基础汉语等课程，妻儿同行。绿堡，名副其实，到处是一片绿色。我们居住在校园内的一栋房子，前面是一大片草坪，面积比一个足球场还大，屋子后面是一大片森林，旁边是一个小湖泊，平静如镜子，倒映着周围的树木，不时看到小鱼和乌龟在湖中悠游。森林里的小鹿有时会跑到房屋前后，探头探脑，煞是可爱，而一旦它们看到人，就会飞速逃离。天空中的灰鹅如大雁般飞行，一群一群，不时落在草坪上觅食，人从旁边经过，它们也若无其事。小松鼠到处活蹦乱跳，不时打闹。当然，最难忘的，还是绿堡热情友好的人民。

玛丽和汤姆·博格斯（Mary and Tom Burgess）是一对老夫妇，我们到达绿堡不久之后在社区活动中认识他们。得知我们从中国来，夫妇俩格外热情，玛丽在上世纪80年代初游览过中国，留下了美好的回忆，他们的朋友库

[①] 此篇由本书作者李期铿根据自己在美国的亲身经历撰写。

里·穆雷（Curry Murray）曾多次去中国教英语。玛丽对我们嘘寒问暖，向父母一样关心我们。妻子想提高英语水平，她就亲自开车或安排人到家里接妻子到她家学习英语，还不时地带我们出去购物、游玩，介绍新朋友给我们。我们学习开车，他们会借自己的车给我们练习，坐在车上指导我们。圣诞节到了，玛丽给我们送上圣诞树，认真地给我们介绍圣诞节的风俗。离开绿堡回国之前，玛丽和汤姆还约上库里和其他几位朋友，在一家体面的餐厅为我们饯行。

太平洋并没有隔断我们的联系。每到我们的生日，玛丽和汤姆都会给我们发来邮件，祝贺生日；每年圣诞节前后，他们都会给我们发来圣诞贺卡，还有相当篇幅的"家庭报告"，详细介绍每位家庭成员在即将过去的一年取得的成功，充满感恩之情。在这样的交流中，我们了解到玛丽的一位女儿一直为慈善事业参加颇具挑战的游泳活动。玛丽的另一位女儿和外孙2010年带学生到中国实习，我们邀请他们到家里做客，吃了他们自己说的"最好吃的一顿饭"。2013年，我儿子高中毕业，玛丽和汤姆特别寄来贺卡，还有一张预付款的信用卡。我们也会定期给玛丽和汤姆打电话，每当接到我们的电话，玛丽和汤姆都很兴奋。2009年，因为年龄和健康原因，玛丽和汤姆搬到了离绿堡半小时车程的温斯顿·塞勒姆市一家老人院，两位老人居住在一栋独立的房屋中。我多次邀请他们再次到中国访问，但由于健康原因，两位老人无法成行。玛丽也多次问我什么时候能去看她和绿堡的其他朋友。2013年8月，当我告知玛丽我会在10月去北卡看她时，她真的不敢相信，此后又在电话中几次核实我的行程，并记录在她的日历中，向老人院中的所有工作人员和老年朋友们宣告她有一位中国朋友要专程来看她。2013年10月25日中午，我和玛丽、汤姆终于再次见面，玛丽早早地张开双臂，我们紧紧拥抱在一起。玛丽和汤姆领我参观了老人院，在食堂吃了饭，她颇为自豪地向所有碰到的人介绍："这是我的中国朋友，他专程来看望！"所有的人也为她感到高兴。两个小时很快过去了，不得不说再见，玛丽拿出她的来访簿，让我留言。我写道："祝玛丽、汤姆健康！我还会来看你们。"玛丽今年83岁，而汤姆已经89岁了。我会实现自己的诺言，再去看望这两位热情善良的老人。

笔者在北京家中接待玛丽的女儿珍妮丝和外孙

　　莫海力和大沙夫妇（Ericand Dasa Mortensen）、多蒂（Dottie Borei）等是吉尔福德学院的同事和朋友，同样也与我们一家保持多年联系。莫海力是我在吉尔福德学院的联系人，他热爱中国，从2004年开始，几乎每年夏天都到中国云南研究纳西民俗和宗教，有时也带学生到中国实习。他太太大沙同样热爱中国，单独或陪同丈夫多次访问中国，能说一口流利的中文，目前在杜克大学攻读中国历史博士学位。我们在吉尔福德学院的一年中，他们非常关心我们的工作、学习和生活。2007年7月，莫海力和大沙在前往云南和从云南返回的途中在北京停留，都住在我家里。2009年，他们的儿子索伦（Soren）降生，特意给我们报喜。2010年8月我到夏威夷大学孔子学院工作，碰到一位吉尔福德学院的毕业生，我们聊到了莫海力，我立即就给他打电话，双方惊喜之情可以想象。2013年10月25日我重访绿堡，到他们的新家做客。正是中美教育交流和合作才给了我们认识和重逢的机会。多蒂是吉尔福德学院的历史系教授，主要讲授和研究中国历史。我到吉尔福德学院不久，她就与我们联系，多次请我们吃饭，还专门请她的朋友、绿堡学院语言教师邦妮免费辅导我妻子英语课程。我也定期辅导她提高汉语水平。我们回国之后，她还来中国三次，在首都师范大学授课，带领美国学生和游客参观中国的博物馆，等等。无论双方多么忙，我们都会找时间聚几次，每次都有说不完的话题，有的时候用英语，有的时候用中文，尽管70多岁了，但多蒂的中文水平总是在不断进步。因为多蒂是明清史专家，我们有一次特意请她在北京海淀区的白家大院吃饭。白家大院浓厚的清朝文化气息、幽美的环境和可口的饭菜让多蒂特别兴奋，她表示以后也要带朋友来这里吃饭。多蒂也特别体谅我们，在北京本应是我尽地主之谊，但好几次她都坚持请我们吃饭，有一次还破费1200多元，在万豪酒店请我们吃了西式自助餐。她说："你们买了房子，负担很重。我是退休教授，没有负担。"恭敬不如从命，我们只得顺从了这位慈祥的多蒂。但愿能再次见到多蒂教授。

笔者一家为寄居的美国大学生柯万昭庆祝生日

在我们绿堡的朋友中，不得不提达里尔（Daryl Aheron）。正是这位严格而又无私的美国人使我这个当时已到不惑之年、从未摸过方向盘的人拿到了北卡的驾照。从其他朋友处得知他教驾驶有一套好方法，我冒昧地给他打电话，他很爽快地答应了。达里尔的家离我的住所有60公里，开车要半个多小时。第二天，他就开着自己的车来到我家，然后把车钥匙交给我，让我上车练习，他坐在副驾驶指导。上了他的车，他先让我熟悉车子的各个部件和性能，以及操作的注意事项。启动车子上路之后，每碰到转弯、红绿灯以及"停"和"让"等标志，他都认真解释注意事项，不放过任何一个细节。我稍有差错，他都会严肃地指出来，然后反复练习，直到完全熟悉。第一次练完，我问他需要多少费用，他有点生气，严肃地说："我要是收费，就不来教你了。"此后，达里尔每周会抽两到三次时间开着他的车来陪我练车，每次练习约两个小时,直到我能够上高速公路并通过路考拿到驾照。之后,他又教我妻子练车,直到她也拿到驾照。达里尔累计教我们开车的时间约有200小时。教我们开车,我们用的是他的车,而且,他每次开车到我家往返需要一个小时以上,我们每次启动他的车,油箱总是满满的,连给他加油的机会都没有。达里尔并没有固定的工作,也不是一个经济上富有的人,但他就是那么无私地帮助我们,我们终生难忘。离开绿堡之后,我们每到感恩节和圣诞节都会给达里尔打电话问候一声。2013年10月25日我重访绿堡,达里尔估计我时间很紧不能到他家拜访,就与太太特意赶来见面。虽然见面时间不长,话也不多,但我们的心是相通的,我们的友谊是长存的。

北卡绿堡美丽的自然风光,与孩提时的家乡有些类似。热情友好的绿堡人,也让我想起家乡的一些亲朋好友。北卡绿堡,我们在美国生活的第一站,留给我们的是无穷无尽的美好回忆,也让我们学会感恩,学会无私地帮助别人。随着时间的流逝,我们对北卡绿堡的感情、我们与北卡朋友的友谊不但没有淡化,反而更加醇厚,正如我们对家乡的感情。

学生使者:李雅图与成吉汉

李雅图,一个有点美国色彩的名字;成吉汉,一个有点中国味儿的名字。前者是中国人,后者是美国人,目前都在上大学。从他们的名字可以看出,他们分别与美国和中国有着一种特殊的情愫。

李雅图的名字取自美国西海岸的美丽城市西雅图,似乎一出生就与美国连在一起,他也从小就梦想留学美国。而他的梦想也来得很快。2006年月不到11岁的雅图随父母来到美国,在北卡罗来纳州吉尔福德县的杰弗逊小学上五年级。这个活泼可爱的中国男孩是学校唯一的中国籍学生,他的到来给学校增加了中国元素。雅图突出的数学成绩使学校的老师和同学们了解到一些中国小学的教育状况。很快,他就与班上许多同学交上了朋友,应邀到同学家参加同学生日聚会,有时还入乡随乡,在同学家过夜(sleepover)。他还加入学校的跳绳队,并几次在社区重要场合参加跳绳表演。他各方面的表现得到老师们的一致称赞。2007年新年到来前,学校特意用中文在墙上刷上了"新年快乐",这是该校第一次出现中文。在美国几个月之后,雅图就学到很多关于美国的知识,能够按照顺序说出美国各任总统,能说出美国 50 个州的名字,能说出 30 支 NBA 球队的名字等,让熟悉他的美国人惊奇,称赞他是个小美国通。2007 年 5 月,在波士顿的新英格兰鲸鱼中心(New England Whale Center)观鲸,看到这些鲸鱼不时浮出海面的壮观景象,他与大家一样兴奋不已。观鲸船返回港口的途中,听到讲解员说鲸鱼中心致力于保护鲸鱼,希望有人"收养"鲸鱼时,雅图立即决定收养一头。从 2007 年到 2012 年,为了收养这头名叫伊登(Eden)的座头鲸,他每年都向新英格兰鲸鱼中心捐出 40 美元的零花钱,鲸鱼中心每年都给他发来感谢信,还寄上伊登的照片和音频资料。2008 年,在北京市海淀区举办的社区"爱心"征文比赛中,李雅图以他收养鲸鱼的经历所写的"收养鲸鱼、收获快乐"一文,获得"北京市海淀区爱心人士"称号。雅图写这篇文章的目的主要是为了让更多的中国人了解美国的这种公益活动,希望更多的人热爱公益事业。

2010 年,在北京读完 3 年初中之后,李雅图再次来到美国,这次是到夏威夷州檀香山读高中。第一年十年级他在罗斯福高中就读。这所高中有很多新近从中国福建移民过来的孩子,他们的家长忙于工作,孩子们各方面表现不尽如人意,造成学校师生对中国学生的一些负面看法。李雅图的到来,他们认为又是一个"中国来的?",语气中有一种不屑的感觉。很快,雅图就用行动和成绩向全校证明,他们对于中国的看法是片面的。按照规定,此前在非英语环境中接受教育的学生必须选语言课,但仅仅过了一个月,他的英语语言老师就报告学校,李雅图可以免修。他尽可能选难度高的课程,并取得了好成绩,包括最具挑战的英语(相当于中国学生在国内学的语文课),令美国老师和同学刮目相看。此外,他参加游泳队,代表学校参加校际比赛,表现了来自中国高中生的水平和素质。

十年级结束后,夏威夷凯泽高中校长强烈推荐李雅图转到该校学习 IB 项目(国际文凭项目,国际承认的高中课程体系,相当于大学的难度,夏威夷只有两所高中有资格开设这一项目）。李雅图是该校60名IB项目学员中唯一的中国籍学生。在新的学校，雅图同样很快就融入同学中间，交了很多朋友。在课余时间，他们一起参加模拟联合国、数学队等活动，还在一起打乒乓球、爬山、去海边游泳等，在这些活动中结下了深厚的友谊。2012年初，李雅图还"收养"一座社区公园，自购清洁设备，每月清扫公园一次，为此，李雅图收到了檀香山市市长发来的感谢信。在清扫公园的过程中，有的当地人会对他竖起大拇指，有的会说"谢谢"，雅图都报之以微笑。

2012年暑假，李雅图回到北京，并去看望了初中时期的老师和同学，与他们分享美国学习的经历。此外，他还把自己对中美高中教育的理解写出来，发表在搜狐等网站上，让更多的中国学生和家长了解美国的高中教育、了解中美高中教育的差别。他还到北京外国语大学附属外国语学校做了题为"中美高中教育对比"的讲座，同学们受益匪浅。

2013年5月，李雅图在凯泽高中毕业，这是美国高中生的一件大事。毕业舞会，一位友好的女生邀请李雅图参加。在这一过程中他学到了很多，并与同学们一起度过了一个美好的夜晚。毕业典礼，20多位当地的朋友们特意赶来祝贺献花，他与很多要好的同学也互赠花环，互道珍重。如今，李雅图已经在美国上大学，他与美国学生和社会的交流在继续，继续担当中美友好的使者。

如果说李雅图留学美国主要是家庭的作用，那么成吉汉留学中国主要得益于政府和非营利机构的支持。

成吉汉出生于苏丹，父母是厄立特里亚人，参加过厄立特里亚独立战争。成吉汉4岁时来到美国西雅图。

高中最后一年，成吉汉得到总部位于西雅图的非营利机构——"一个世界"（One World Now!）的资助，来到中国鞍山市第一中学与中国学生一起学习，并寄住在鞍山当地一户人家。刚上学不久，他看到班上的男同学坐在其他男同学的腿上，感到有些不解，因为在美国男人不会坐在其他男人的腿上。但由于他在"一个世界"接受过领导力培训，学会了不应以自己的文化判断别人，而应该欣赏其他文化。通过观察，成吉汉发现，因为教室太小，同学们如果要聚在一起谈论、聊天，有的同学不得不坐在其他同学腿上，一般是很好的朋友才这么坐的。成吉汉说："当一位同学第一次坐在我的腿上时,我真的感到很激动,因为我感觉自己成了他们的一员。"

对于"一个世界"提供的机会,成吉汉非常高兴。这激发了他对国际事务和跨文化交流的兴趣。他说:"如果没有在中国高中的一年学习,我就不会有现在的语言技能,也不会对国际事务产生浓厚兴趣。我之所以有今天,是因为我在年轻的时候有过在中国学习的经历。"成吉汉认为,其他年轻人也需要有国际经历,因为这种经历会使他们在大学成为全球公民,就像他自己一样。

"一个世界"和夏威夷大学孔子学院邀请成吉汉与夏威夷中小学生分享学习中文的经历

高中毕业后,成吉汉进入美国顶尖的文理学院斯沃斯摩尔学院学习,期间他重返中国,到福建省的一个乡村参加一个关怀麻风病患者的志愿活动。后来又通过"一个世界"与孔子学院联系在一起,孔子学院为成吉汉提供了一年在中国学习的奖学金,来到黑龙江大学学习中国文学。

2009年2月,成吉汉在中国度过了第一个春节。他与中国父母一家一起包饺子,放焰火,点灯笼,亲身感受了中国的春节文化以及乐趣。

2012年春,夏威夷大学孔子学院和"一个世界"联合邀请成吉汉到夏威夷4所中小学和夏威夷大学,分享他学习中文的经历和经验。成吉汉特别提到了在中国学习的经历对他人生观和事业的改变,受到热烈欢迎。共600多名正在学习中文的夏威夷学生听了他的分享。也许,这其中会出现一些像成吉汉那样的同学。

不久前,成吉汉当选奥巴马总统的"十万强计划"学生大使。2014年,美国第一夫人米歇尔·奥巴马在访问中国谈到留学时,特意赞扬了成吉汉。

成吉汉说:"中国的经历改变了我的生活。每个人都非常大方,乐于帮助我提高中文水平,令我非常感动。"成吉汉交了很多亲密的朋友,他回国的当天就在博客上说,回到了美国,又想返回中国了,最想念的就是中国朋友们。

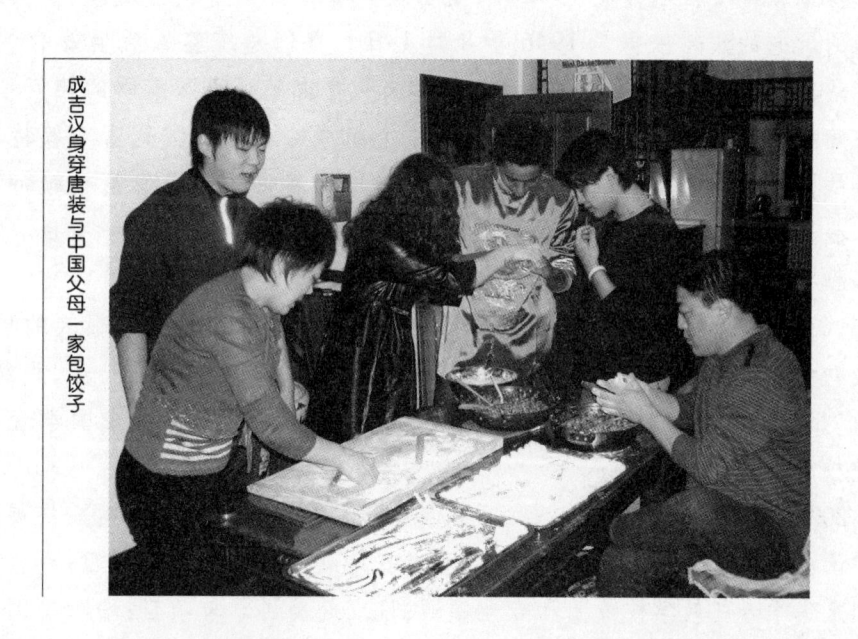

成吉汉身穿唐装与中国父母一家包饺子

他说:"学中文最让我激动的事就是我能与10多亿人交流。通过与中国的同龄人或比我更大的人交流,我学到了很多。学中文使我对中国历史和文化有了独特的洞察力。我希望将来通过语言能力,自己能成为中美两国的一座桥梁,促进中美合作。"

成吉汉曾在美国驻中国大使馆实习,还参与了一些国外的非政府组织慈善活动,也在美国国会实习过,已经成为一名具有全球视野的青年领袖。他的理想是做一名外交官,为世界和平做贡献。我们期待成吉汉作为外交官来到中国,为中美两国和世界的和平友谊作出更大的贡献。

▶▶ 相关链接

富布赖特项目

富布赖特项目创建于1946年,是由美国参议员富布赖特发起、美国政府资助的。它的法律依据是1946年8月1日杜鲁门总统签署后生效的《富布赖特法案》,该法案的目的是通过教育和文化交流来促进国家间的相互理解。富布赖特中国项目是富布赖特项目的一个组成部分。中国是富布赖特项目最早的受益国,1947年11月10日,美国与中国签订了第一份富布赖特协议书。截至1949年,共有27位美国人和24位中国人参加了这一项目。中美富布赖特项目1980年重新启动,成为中美两国重要的政府间教育交流项目之一。30多年间,该项目所涉及的学科范围和地理范围都有了很大的扩展,从最初的人文科学扩展到社会科学,从北京、上海、天津扩展到长春、武汉、济南、广州、厦门和南京等41家院校和科研单位,接受富布赖特中国学者的美国院校分布也大大扩展。

2004年起,中美开始实施《关于扩展富布赖特中国项目的方案》,扩展该项目中国派出人数,将更多的国家公派学者安排到美国一流大学学习;适当扩大美国来华学者任教学校范围和专业领域;设立赴美讲学者项目;增加美国来华进修生免学费名额。目前,该项目每年资助大约50名中国学者和学生赴美研修和20名美国学者来华讲学。

富布赖特学者和学生本人的生活、事业和视野因富布赖特项目而改变。他们不仅对各自国家的教育、文化事业做出了突出贡献,而且对中美两国人民之间的理解和人文交流起到了桥梁作用。

美国政府"十万强计划"

由于中国的战略重要性,2009 年 11 月,奥巴马总统访问中国期间宣布"十万强计划",即在 2010 年至 2014 年间向中国派送 10 万名美国学生。该计划旨在显著增加在中国学习的美国留学生的数量和种族构成。2010 年 5 月,希拉里·克林顿国务卿在北京正式宣布启动"十万强计划"。该计划得到中国政府的大力支持,中国政府承诺为美国学生提供 1 万个"汉语桥奖学金"名额。2013 年 1 月,美国政府将本来为期 4 年的"十万强计划"扩展成一项长期的交流计划,并成立"十万强基金会"。"十万强计划"成为一个独立于美国国务院的非营利组织。

中国政府"三个一万"项目

2011 年 4 月第二轮中美人文交流高层磋商期间,中方宣布实施"三个一万"项目,即继续执行"公派万名学生赴美攻读博士学位"和"汉语桥"万人来华研修项目,新设 1 万个中美人文交流专项奖学金名额。这是双方深化中美人文交流的切实举措,有力地促进了中美两国学生和教育工作者的交流,也使两国民众直接受益。中国"三个一万"教育项目 4 年来累计落实 12466 个中美人文交流专项奖学金名额,超额完成计划;累计派出 9449 人赴美攻读或联合培养博士学位,完成计划的 95%;累计邀请 10123 名美国人来华访问或者研修,超额完成计划。

苏世民学者项目

苏世民学者项目是由美国黑石集团(Blackstone)主席、创始人苏世民(Stephen Schwarzman)与清华大学合作设立。苏世民先生认为,大多数美国人对中国几乎一无所知,因此,他决定从个人财富中捐出 1 亿美元在清华大学设立奖学金项目,每年资助 200 名学生到中国留学,其中主要为美国学生。苏世民学者项目秉承"立足中国、面向世界"的原则,借鉴国际先进教育理念,在全球范围选聘优秀师资,选拔学业优秀、诚实正直、视野开阔、富有责任感和使命感、具备领导潜质的世界顶尖大学本科毕业生,到清华大学进行为期1年的研究生学习,以此培养具有宽广的国际视野、优秀的综合素质和卓越的领导能力,并了解中国社会、理解中国文化,有志于为促进世界和平与发展贡献聪明才智的未来领袖,努力为崛起中的中国与变化中的世界做出重要贡献。清华大学于2013年4月正式启动苏世民学者项目。

中美教育基金

中美教育基金(US-China Education Trust, USCET)是一家坐落于美国华盛顿特区的非营利组织,1998年由美国第一位华裔大使张之香(Julia Chang Bloch)女士创立。中美教育基金的使命是通过一系列教育与交流项目促进中美关系。如今,中美教育基金通过其美国研究联络会(American Studies Network)与73所中国高等院校建立了合作关系,帮助中国广大教师更好地理解如何教授有关美国的课程。中美教育基金专注于向中国研究教学机构提供资源,帮助当地的学者、专业人士和青年学子从事学习与研究,在众多致力于中美关系的组织中是独树一帜的。

美国人推进海外学习组织(APSA)

APSA全名为Americans Promoting Study Abroad,由一些在中国生活10年以上的美国商业人士创建,旨在使更多的美国高中生,尤其是家庭困难的学生能到中国北京参加一个为期4周的中国语言和文化项目,让学生亲身体验中国语言和文化、实地接触中国人民。主要活动包括:中文课程、沉浸式中文旅游;参观北京的历史文化名胜;文化课程;社区服务;领导力培养活动;与商界领袖、外交官、非政府组织领导人和新闻记者交流;青年职业人士讲座系列等。项目从美国13个城市的公立高中选拔学生到中国,并提供全额奖学金。自从2008年实施以来,有近300名美国高中生参加该项目。

▸▸ 思考与启示

中美在教育领域的交流与合作可以说是两国人文交流各领域中涉及机构最多、人数最多、项目最多、最充满活力的。从中美的教育交流与合作中我们可以得出一些思考与启示。

第一，中美教育交流合作可谓不分年龄，有在彼此国家学习交流的幼儿、小学生、中学生，在对方大学就读的本科生、硕士生、博士生达30多万人，还有数量可观的博士后和学者在对方国家考察、研究、进修、讲学，等等。

第二，中美教育交流与合作直接推进参与者的学业、职业和个性发展。大部分参与者的生活、学业、事业等因为这种交流而改变。这种经历成为他们人生中的重要阶段，使他们了解甚至融入对方文化，开阔视野，成为真正的地球村公民，成为促进中美友好的积极力量。在中国的许多著名中美关系和美国研究专家学者等都曾在美国学习访问过，而美国的著名中国问题专家也大部分在中国访问、交流过。

第三，在对方国家学习的留学生数量严重不平衡。如果你在美国的中小学看到中国学生，毫不奇怪。中美建交以来，通过各种交流项目到美国的中国人越来越多，其中相当一部分人都会把孩子带到美国上学，目的是为了开阔孩子的眼界、提高孩子的英语水平。相对而言，在中国普通中小学就读的美国学生凤毛麟角。在美国大学就读的中国学生数量也远远高于在中国就读的美国大学生数量，当然，这里面的原因比较复杂。

第四，两国大中学生参加教育交流的机遇不对等。美国的大中学生到中国留学、交流机会较多，往往都有奖学金支持，贫困家庭的学生也有机会到中国学习交流。而中国大中学生到美国学习交流的人数虽然很多，但基本都是自费，很少有奖学金支持，贫困家庭的学生基本没有机会。美国的大中学生，只要想到中国留学或参加项目交流，基本都有机会，有不少非营利机构提供奖学金和行前培训。而中国大中学生一般是学校或其他商业机构组织到美国交流或学习，一切费用学生自理，不少活动是商业行为，极少有奖学金，只有富裕家庭的学生才能享受这样的交流机会。建议中国相关部门、组织和个人发起成立像美国 APSA、"一个世界"亚太理事会那样的非营利机构，让更多中国普通家庭的孩子有机会早日到美国学习交流。

第五，教育外交成为中美交流的重点。通过教育交流，让更多的学生亲身体验对方国家及对方国家同龄人的价值观与流行文化，跨越文化的鸿沟。这种文化上的包容与理解，最终会发展成信任。这就是教育外交。

第四章

中美科技交流

中美科技交流与合作与中美两国关系的解冻、外交关系的建立和双边关系的发展基本同步。1979年1月,邓小平副总理与卡特总统在美国白宫签订《中美科技合作协定》,这是两国建交后首批政府间协定之一。近年来,两国元首积极评价中美科技创新合作与交流。美国总统奥巴马指出,科技可以成为连接两国人民的桥梁。胡锦涛主席指出,科技合作已成为中美关系发展的重要推动力量,成为两国人文交流的重要组成部分。中美两国本着平等、互利、双赢的精神开展科技合作,这不仅有利于加快两国科技事业发展,而且有利于促进世界科技进步,造福于全人类。中美科技合作成为中美关系的支柱之一。

大事记

1971年5月	美国耶鲁大学植物生理学家亚瑟·高尔斯顿(Arthur Galston)教授和麻省理工学院微生物学家伊桑·西格纳(Ethan Signer)教授访华,受到周恩来总理接见。这是1949年以来第一批应邀来华进行学术交流的美国学者,访问取得极大成功并产生巨大影响,被当时的美国新闻界称为"打开了第二轮的乒乓外交"。
1972年5月	美国科学家联合会(FAS)代表团在马文·戈德伯格(Marvin Goldberger)教授的率领下访华,这是1949年以来第一个到访中国的美国科学家代表团。
1972年11月	贝时璋、钱伟长等5名科学家代表团访美,受到美国政府高度重视。这是中国科学家1949年以来首次访问美国,标志着中美双方科技人员完成互访。
1978年7月	美国总统科学顾问弗兰克·普雷斯率领庞大的美国科技代表团访华,国家科委主任方毅率中方相应代表团与对方就广泛的科技合作关系进行会谈,为日后政府间不同领域的合作奠定了基础。
1979年1月	邓小平副总理与美国总统卡特在白宫签署《中美科技合作协定》。这是中美建交后两国签署的首批政府间协定之一。双方据此成立中美科技合作联委会机制。
1980年1月	中国科学院与美国科学院签订了谅解备忘录,此后,双方一直保持着良好的合作关系。

1980年底	中国科学院与美国国家科学基金会建立了合作关系，双方开展了100多个项目的合作。
1982年	华罗庚当选美国科学院外籍院士，这是新中国第一位科学家当选美国科学院外籍院士。
1986年	中美合作建立的中国遥感卫星地面站建成并投入运营。
1988年	中美合作建立的北京正负电子对撞机建成并对撞成功。
1994年	李政道等美籍科学家当选中国科学院外籍院士。
1997年10月	江泽民主席访美，中美发表联合声明，强调加强能源和环境合作，并签署了《中美能源和环境合作倡议书》。
2002年12月	中国科技部和美国农业部签署《中国科技部与美国农业部农业科技合作议定书》，双方建立联合工作组机制，确定七大优先合作领域，成立九个联合研究中心，标志着中美两国在农业科技领域的全面合作正式开始。
2006年	中国科技部与美国能源部及核管制委员会签署《关于在中国合作建设先进压水堆核电项目及相关技术转让的谅解备忘录》，建设首批四台核电机组。
2008年	双方签署《中美能源和环境十年合作框架文件》，确定五大合作目标。
2009年	中美清洁能源联合研究中心成立，双方在清洁能源领域的合作取得实质性进展。
2009年11月	奥巴马总统访华，中美发表联合声明，用2156字阐述科技交流与合作，体现了两国对科技交流的高度重视。
2011年1月	胡锦涛主席访美，中美发表联合声明，大量篇幅阐述两国科技交流与合作。

2011年10月	中国科技部与比尔·盖茨基金会签署战略合作备忘录，双方在提高粮食作物产量、研发和生产重大传染性疾病疫苗等多领域展开合作。
2012年	两国农业部签署《农业研究旗舰项目议定书》，在农业领域确定了中美合作旗舰项目。
2014年2月	中国科学技术协会副主席张勤应邀出席美国科学促进会2014年年会。

▶ 引 言

1979年1月31日，美国白宫，《中美科技合作协定》签订现场

❦

邓小平副总理代表中国政府与卡特总统共同签署《中美科技合作协定》，规定中美将在平等、互惠和互利的基础上，在农业、能源、空间、卫生、环境、地学、机械等科技领域以及管理、教育和人员交流等方面进行合作；鼓励中美两国政府机构、大学以及其他组织和机构之间的联系与合作，并建立科学和技术合作联合委员会机制。卡特指出："一个强大而稳固的、对世界事务作出建设性贡献的中国，是符合我们的利益的；一个参与全球性事务的、自信而强大的美国，也是符合中国的利益的。"邓小平说："我们刚刚完成了一项有意义的工作，但是这不是一个结束，而是一个开始。"自从《中美科技合作协定》签订之后，中美科技交流与合作蒸蒸日上。

▶ 故　事

扬帆出海
——夏威夷大学癌症中心与中国的合作

近年来,夏威夷大学癌症研究中心在主任卡博内博士(Dr. Michele Carbone)的领导下,成为美国著名的癌症研究中心之一。这与卡博内博士注重建立国际团体及加强国际合作密不可分。

卡博内博士非常喜爱中国文化。他爱好武术,能打一手漂亮的太极拳,曾邀请原中国国家武术队队员、夏威夷武术中心主任张秀到夏威夷癌症中心教授武术和太极拳。他还向定居夏威夷的原陕西省乒乓球队队员蒋英学习乒乓球,定期参加当地乒乓球俱乐部活动,是个不折不扣的乒乓球迷。访问中国期间,他总是不失时机地与主人"过招"乒乓球,通过乒乓球,与中国同行加深了解和友情。

在建立国际团队及加强国际合作方面,卡博内博士对中国情有独钟。他入主夏威夷大学癌症研究中心之后,就开始聘请一些从中国大陆到美国的癌症研究人员,并委以重任,如任命俞和(Herbert Yu)博士和贾伟(Wei Jia)博士为中心副主任,俞和负责癌症控制和人口科学,贾伟负责共享资源。卡博内博士说:"中国的研究人员功底扎实,工作勤奋、踏实,值得信赖。俞博士和贾博士就像是我的左右手。"如今,夏威夷大学癌症研究中心的20多名科研人员中,有7名来自中国。此外,该中心每年还有20多名来自中国的访问学者和博士后研究人员。刘义华是山东聊城市人民医院的医生,2014年7月来到夏威夷大学癌症研究中心访学4个月。他说:"非常感谢夏威夷大学癌症研究中心提供这次访学机会,这将大大提升我的业务水平。中心的每个人都非常热情,在研究和生活上给我提供了很多帮助。这段经历注定难忘。"

杨海宁博士后是卡博内聘请的第一个来自中国大陆的研究人员,如今也成为卡博内博士的得力助手,在与中国的交流和合作中发挥核心作用。卡博内博士的间皮瘤研究属于世界领先水平,特别关注中国的间皮瘤和肺癌状况,希望与中国同行合作,共同攻克难题。2012年,杨海宁带领卡博内博士前往中国参加研讨会并考察浙江余姚、慈溪间皮瘤高发地区。同时,通过俞和博士的联系,夏威夷大学癌症研究中心与浙江医学院、浙江肿瘤医院和南京医学院建立合作关系。2014年,夏威夷大学癌症研究中心与浙江省癌症中心正式结成姐妹中心。

夏威夷大学癌症研究中心与浙江省癌症中心结成姐妹中心

卡博内博士早期的研究成果引起了美国间皮瘤及肺癌权威专家哈维·帕斯(Harvey Pass)的注意。帕斯把卡博内招聘到美国国家癌症研究院。如今,卡博内主持夏威夷大学癌症研究中心,在与中国的交流和合作中,他想到了帕斯。2014年他把帕斯先生带到中国,参加华东胸部肿瘤会议。参加会议的杨海宁说:"这是帕斯先生第一次到中国访问交流,他对中国和中国同行留下了深刻的印象。中国同行也从与他的交流中获益良多。"

卡博内博士领衔的夏威夷大学癌症研究中心正在成为中美癌症研究合作与交流的重要基地,这颗太平洋中的明珠通过促进中美科技人员的交流与合作,必将更加造福两国人民。

"饮水不忘掘井人"
——王晓东的祖国情①

他,一位华人,2004年以41岁"低龄"当选美国科学院院士,成为美国国家科学院历史上最年轻的院士。他,改革开放以来中国大陆20多万留美人员中当选美国国家科学院院士的第一人。他,就是王晓东,河南新乡人,1980年考入北京师范大学生物系,1985年赴美留学,并最终成为世界级生命科学大师。2013年,他当选中国科学院外籍院士。

王晓东始终没有忘记自己的祖国。他说:"我们虽然在美国发展自己的事业,也加入了美国国籍,但我们是华人,对中国的感情是无可替代的,一直想为中国做点事,海外学子不管有多大成就,不管离开祖国多长时间,祖国还是祖国。"

王晓东当选美国科学院院士以前,在国内生化界名气就很大了。2001年6月,四川大学华西医院聘请远在美国的王晓东来医院讲课。当时,医院的医生听说王晓东要来讲课,全都蜂拥而至赶到会议室。一间60多平方米的会议室里竟挤了100多人,就连楼梯过道里都站满了前来听课的医生。看见医生们都站着听课,王晓东挪开自己的椅子,笑笑说:"大家都站着,我一个人坐着,显得我有点矮了。不行,我得站起来讲课,这样,就不必仰视大家了。"王晓东的一番话把大伙儿都逗乐了:"这个学者一点儿也不古板,还挺幽默的。"

王晓东在美期间每年都回国讲学。他先后被北京师范大学生命科学学院、复旦大学等国内著名高校聘为兼职教授或讲学学者。他和其他十几名在美国有教职的中国大陆留美学者组成了一个团队,为北大和清华等高校联合组织了一个名叫"bio2000"的研究生课程项目,这些课程质量达到世界

---

① 内容编自互联网资料。

著名高校水平。国内同行需要什么实验材料,他会立即从美国寄送,同行找他帮忙审阅稿件,他总是来者不拒。

中国决定在国内建立一个国家生命科学研究所,借鉴西方的先进体制,在科研管理和人才引进等方面直接和国际接轨,为了帮助完成这项工作,王晓东在一年时间之内连续8次回国。他表示:"我希望能把它建成世界一流的生命科学研究所,我希望能用自己学到的东西为祖国做一些实实在在的事。"2003年4月,国家级北京生命科学研究所(National Institute of Biological Sciences, Beijing)成立,王晓东和耶鲁大学植物分子生物学家邓兴旺博士一同被聘为第一任所长。2008年,王晓东担任第二任所长。2010年起,他在北京生命科学研究所担任全职。王晓东认为,人才只有在有压力的情况下才可能得到成长。他希望他主持的研究所每五年得到一次评估,并且是按照国际标准进行的严格评估,其评估的标准只有一条——"国际一流"。他说:"在美国能拿到教职的,在我们研究所不见得能拿到;在我们所能够拿到教职的,在美国就一定能够拿到。"王晓东正努力把北京生命科学研究所建成世界顶级水平的研究所。

2004年7月17日,王晓东回到母校北京师范大学,接受北师大名誉教授聘书。他激动地表示,他对科学最原始的认识是在北师大养成的,"饮水不忘掘井人",对北师大的栽培、对各位老师的培养表示诚挚的感谢。聘任仪式结束后,王晓东来到生命科学学院会议室,参加了原生物系84届学生毕业20周年庆典。

在校友聚会时,王晓东还未走到生物楼前,久别重逢的学友就兴奋地拥了上来,向他"打招呼"。此时的王晓东激动得难以自抑,频频地与昔日同窗握手、拥抱,并在交谈中不时发出阵阵爽朗的笑声。进入会议室,王晓东对特意留给他的座位摆了摆手,毫不犹豫地坐到后排同学们中间,继续着没有谈完的话题,仿佛又回到青春勃发的大学时光。班级庆祝仪式就在这样热烈而亲切的气氛中进行着,已生华发的老师和正值壮年的学生济济一堂,畅谈着20年来的感受。王晓东留心听着师友们的每一句话,时而激动,时而惊喜,时而深情,他已沉浸在温馨悠远的回忆里……

"饮水不忘掘井人",为了祖国的科技事业,王晓东倾其所能,体现了为祖国服务的拳拳赤子心。

身心系中国
——郎尼·汤姆森院士与中国科学院的合作①

美国俄亥俄州立大学地质学家郎尼·汤姆森（Lonnie Thompson）教授，2005年当选美国科学院院士，2009年当选中国科学院外籍院士。汤姆森教授与中国的结缘几乎与中美建交同步。1979年，被称为中国"冰川之父"的施雅风院士参加在澳大利亚举行的一次国际冰川学术会议，结识了汤姆森教授。当时，国际上对冰芯的研究已经开展了20多年，而国内科学界是第一次听说冰芯。汤姆森教授是国际冰芯研究的权威，他表示非常愿意帮助中国开展冰芯研究。

从1984年开始，他几乎每年都到中国来开展工作与讲学，多次与国内学者联合撰写研究成果，与中国科学家一起实施了5项青藏高原冰芯研究双边合作项目，为中国的冰川与环境研究开辟了新的方向。他与中国科学家一起通过青藏高原冰芯记录研究，高分辨率、连续地恢复了中国西部地区不同气候区气候环境记录。他参加中国科学院青藏高原研究所建所的论证与筹建工作并担任学术副所长，2007年还受聘为中国科学院"爱因斯坦讲席教授"并先后到中国科学院研究生院、中国科学院青藏高原研究所、中国科学院地球环境研究所等单位进行了一系列学术讲座，并通过远程视频，对中国科学院青藏高原研究所研究生讲授"古气候"课程。他还积极开展对中国青年科技人才的培养，对中国科研人员的成长做出了贡献。他已为中国培养了3名博士后，其中2人已获得了中国科学院"百人计划"项目的支持与"国家杰出青年项目"的支持，中国科学院寒区旱区环境与工程研究所冰冻圈与全球变化研究室主任王宁练研究员就是这二人之一。

1996年，还是学生的王宁练与汤姆森教授初次合作。1997年，汤姆森

---

① 内容编自中国科学院网站等。

教授邀请王宁练到俄亥俄州立大学伯德极地研究中心学习，2002—2003 年，王宁练又到该中心进行博士后研究，师从汤姆森教授。谈到汤姆森教授，王宁练研究员充满感激和敬佩之情。他说，汤姆森教授很容易接近，非常和蔼。"他对我们这些年轻科研人员非常友好，周末经常请我们到家里聚会，每周四还会自费买比萨饼。我们一边吃比萨，一边讨论，非常愉快。"作为科学家，汤姆森教授非常敬业，他总是每天 8 点以前准时到办公室，而且晚上 12 点以前不会离开。前几年，汤姆森教授积劳成疾，心脏衰竭，只能供应身体所需血液的 10%，90% 靠心脏起搏器供应。2012 年，汤姆森教授不得不接受心脏移植手术。仅仅在心脏手术两年之后，汤姆森教授就再一次来到青藏高原进行科学考察研究。王宁练表示："汤姆森教授对科学研究的热情影响着我。"

汤姆森教授对中国有着深厚的感情。他的第一个孩子在学校选修中文作为外语。他长期与中国青藏高原研究所姚檀栋院士等合作研究。王宁练表示，中国的冰芯研究正是由汤姆森教授推动起来的。汤姆森教授与王研究员等仍常常通过电子邮件联系，讨论学术问题。2014 年 12 月，王研究员与汤姆森教授还在美国旧金山开会期间碰面，讨论问题。王宁练说，汤姆森教授与中国科学家的合作一定会继续下去。

2011 年 8 月 11 日，郎尼·汤姆森先生根据自己几十年来在中国科学院的工作经历，通过"我心目中的中国科学院"征文活动，以一篇题为《需要高质量、同行评议的科学研究》的文章，表达了他对中国科学院未来发展的建议。

郎尼·汤姆森首先谈到了国家对教育及科研的投入问题。他认为："我们未来面临的挑战是摆在地方、地区、国家乃至全球支撑体系面前的日益严峻的环境变化问题，目前这一体系支撑着 70 亿人，到 2050 年将为 90 亿人。"而教育是提高人们生活水平的关键，因此对教育及科研的投入变得尤为重要，这是每一个国家未来社会发展的必经之路。

同时，郎尼·汤姆森还谈及了他所从事的冰川及气候历史研究。他指出，气候变化的现状和各国在这个问题上的无所作为以及气候变化对第三极（青藏高原）环境的影响是目前亟须解决的问题。在多年来的科研工作中，郎尼·汤姆森与多位教授合作，组织并启动了多个科研项目来传播科学知识、培养科学人才、发展先进技术以及为面临环境变化的第三极地区的可持续发展提供适应性策略和意见。他在文中强调:"要应对气候变化对第三极环境的影响,这一地区的10个国家都要参与进来,共同努力;要应对其对全球环境带来的变化,各国人民则须参与进来,共同努力。"

在文章最后,郎尼·汤姆森提出了应对未来各种挑战的解决方法需要高质量、经同行评议的科学研究。他表示:"在选择资助项目时,要经过严格的、具有竞争性的评审过程,同时要坚持经同行评议才能发表研究成果的准则。资源的分配要着重于优秀的科学家和机构,并且要体现公开、公平,让大家能明白决策是在什么样的基础上制定的。"

可以毫不夸张地说,郎尼·汤姆森的身心都系于中国的科技事业。

▶ 相 关 链 接

中美科技合作联合委员会

为规划和协调中美政府间的科技合作活动,根据两国签署的《中美科技合作协定》的精神,中美双方建立了中美科技合作联合委员会(简称"联委会")。联委会的中方主席为科技部部长,美方主席为总统科技顾问兼白宫科技政策办公室主任。每届联委会双方均由12名左右的委员(其中副部级4~5名)组成。双方各设一名执行秘书,负责协调和处理联委会的日常事务。联委会约每隔两年轮流在两国首都举行会议,迄今为止已经举行了15次。联委会对规划和协调中美科技合作与交流起到重要作用。

中美科技人员交流计划

2002年4月在中美科技合作联委会第十次会议上,科学技术部徐冠华部长与美国国家基金会主任丽塔·R.科尔韦尔女士共同签署了"中美青年科技人员交流计划"的合作协议。该项目的主要内容是安排美国研究生利用暑期赴中国的大学和研究所、实验室与中国青年研究人员共同开展研究工作,为期八周,旨在促进中美两国青年学者之间的交流与合作,增进相互理解和友谊,为未来中美科技合作事业培养人才并奠定基础。"中美青年科技人员交流计划"的中方牵头单位为科技部、中国科学院和国家自然科学基金委,美方为美国国家科学基金会。科技部下属中国科学技术交流中心负责具体实施。"中美科技人员交流计划"是"中美人文交流高层磋商机制"下的一项重要科技活动,自2004年起已连续在华成功执行11年,获得两国政府及科技界的一致好评。

中美创新对话（China-US Innovation Dialogue）

中美创新对话是根据第二轮中美战略与经济对话达成的共识，在中美科技合作联委会框架下举办的。自2010年起在中美两国首都轮流举办，迄今已经举行5次。这一对话由中国科技部部长与美国总统科技助理、白宫科技政策办公室主任共同主持，来自两国政府相关部门、产业界和学术界代表参加会议。通过中美创新对话，双方分享创新的最佳实践，促进了知识和技术交流，在原则和实践上都更具共识，也增进了两国在经济贸易和社会发展方面的共识。面对全球气候变化和能源等问题，双方认识到应加强科技创新交流。中美创新对话已成为中美两国在科技创新领域的重要对话平台，对推进和深化中美合作伙伴关系具有重要意义。

卡弗里基金会（Kavli Foundation）

卡弗里基金会是由美国企业家、慈善家和物理学者弗雷德·卡弗里（Fred Kavli）于2000年创立，总部设在美国加州的奥克斯纳德。其宗旨是"推动科学发展以促进人类福祉，增进公众对科学的认识和对科学家工作的支持"。基金会以设立研究所、奖项、资助讲习教授和举办前沿科学研讨会等形式资助天体物理和理论物理、纳米科学和神经科学等领域的研究。2005年，卡弗里基金会在中国大陆成立了两个卡弗里研究所：中国科学院卡弗里理论物理研究所、北京大学卡弗里天文与天体物理研究所，卡弗里基金会对两个研究所首期各捐助300万美元。卡弗里基金会创始人卡弗里说："我们高兴地看到，今天中国快速发展的研究事业追求至善，我们也愿意参与其将来的潜在发展。我相信这两个所将对科学做出重大贡献。"

卡弗里基金会网址：http://kavlifoundation.org。

美国科学促进会"2061 计划"

上世纪 80 年代,美国的科学和教育专家认为,美国的教育方式和模式已不适应 21 世纪科学技术飞速发展的要求。作为对科学、数学和技术教育改革所面临挑战的一个回答,美国科学促进会联合美国科学院、联邦教育部等 12 个美国科学教育机构,启动了一项长期、分阶段的研究项目——"2061 计划",旨在推动美国科学、数学和技术教育革命。"2061 计划"提出了未来儿童和青少年从幼儿园到高中应掌握的科学、数学和技术领域的基础知识的框架,包括主要学科的基本内容、基本概念、基本技能,学科发展趋势和学科间的有机联系,以及掌握这些内容、概念和联系的基本态度、方法和手段。

2007 年 9 月,中国科协与美国科学促进会签署了合作谅解备忘录及"2061 计划"子协议,中国科协可以从美国科促会"2061 计划"网站上选取部分内容翻译成中文放在中国科协网站上。介绍美国科学促进会"2061 计划"的专题网站在中国科协网上正式发布,网址为:http://2061.cast.org.cn/。

美国科学院中国籍院士与中国科学院美国籍院士

美国国家科学院现已有近 20 名中国籍院士,按受聘时间排序分别是:1982 年,华罗庚(已故);1984 年,夏鼐(已故);1985 年,谈家桢(已故);1986 年,冯德培(已故);1994 年,贾兰坡(已故);1994 年,张德慈(已故);1979 年,李远哲;1987 年,周光召;2003 年,陈竺;2004 年,徐立之(Lap-Chee Tsui);2006 年,袁隆平、白春礼;2007 年,张启发、李爱珍;2010 年,周忠和;2011 年,李家洋;2012 年,张杰;2013 年,施一公;2014 年,杨焕明。中国科学院 1994 年起建立外籍院士制度,截至 2013 年,共有 53 位美国籍院士,占所有外籍院士的 66% 左右。

▶▶ 思考与启示

中美科技交流与合作在中美建交前已经开始,一直得到两国领导人的高度重视。同时,两国之间的科技交流与合作也促进了两国的科技发展和人民福祉。科技交流与合作在中美人文交流中发挥了重要作用,人文交流对中美科技创新合作产生了巨大推动作用。为了推动中美科技交流与合作的健康发展,双方应从战略层面重视中美科技交流与合作。

第一,要通过现有机制,并创造新的机制,促进中美科技交流与合作。通过现有的中美科技合作联委会、中美创新对话、科技论坛、各领域议定书工作组会议等现有机制,加强科技交流。同时,还应创造新的交流机制,如建立中美科技合作伙伴关系,互设中美科技年和科技博览会,建立非官方的科技交流机制,设立中美科技交流基金等,使中美科技交流与合作制度化、长期化、常态化。

第二,让普通百姓体验到中美科技交流与合作带来的益处。中美科技交流需要重点关注民生,在卫生、环境等与民生密切相关的科技领域加强交流合作,探讨建立长效交流机制,形成政府层面、科学家层面等多层次、广领域的民生科技人文交流模式。加强企业交流,进一步突出企业在中美人文交流中的重要作用,加强相关产业的企业间交流;探讨打造科技创新合作新模式、新载体,示范推广联合研发的创新成果,促进合作研发成果产业化,为增进双边关系和经贸往来打下基础。

第三,继续强化华裔科学家在中美科技交流与合作中的作用。诺贝尔奖获得者李政道、杨振宁、丁肇中等美籍华人科学家频繁组织国际学术交流和科研合作,为中国进一步提高科研实力做出了卓越的贡献。改革开放之后从中国大陆赴美留学的人才中相当一部分成为美国科技的中坚力量,为中美科技交流做出了突出贡献。华裔科学家不仅本人可以为中美科技交流做出贡献,而且还可以成为中美科技交流的纽带——通过他们拓展中美科技交流的深度和广度。

第四，中美科技交流与合作需要排除美国国内政治因素的干扰。自从1989年以来，受国际形势和中美政治关系的影响，中美科技交流与合作不时受到美国国内因素的干扰，美国不时给中美科技交流制造困难，如美国方面的签证与护照监管、技术出口控制、技术贸易壁垒、技术遏制性并购等。中美科技交流使双方受益，交流受阻使双方受损。中方可以尽力与美国国内的有识之士一起共同努力，使双方科技合作去政治化。

第五章

中美文化交流

　　文化是联结人们心灵的纽带，文化交流在中美关系中发挥着重要而独特的作用。儒家文化强调"恕"，即"己所不欲，勿施于人"，而代表人物孔子强调音乐的"尽善尽美"，认为如果有更多的人欣赏音乐，世界上就不会有战争。美国著名诗人沃尔特·惠特曼曾经有一个美好的梦想：有一天全世界的诗人都聚集在一起，将他们充满不同个性的诗歌汇聚在一起，用他们的诗为世界带来和平。可见，中美文化基因不乏共通之处。中美文化交流对巩固双边关系，加深两国人民了解，发展各自文化至关重要。自1979年中美建交以来，文化交流在中美人文交流中一直充当着重要的角色。中美社会文化联系成为两国关系最广泛、最深厚的社会基础。

大事记

1972年12月	沈阳杂技团赴美表演，他们是尼克松"破冰之旅"之后，首批踏上美国土地的中国文化使者。
1973年9月	美国费城交响乐团访华。这是尼克松访华之后，第一个到中国演出的美国文艺团体，被誉为"乐队大使"。
1978年6月	中国艺术团一行150人在美国纽约、华盛顿等地巡回演出，受到热烈欢迎。卡特总统接见了艺术团全体成员。
1979年1月	《中美文化交流协定》签订，确立了两国官方和民间文化往来的框架。
1979年3月	波士顿交响乐团访华，成为中美建交后第一个到中国进行艺术交流的大型文艺团体。中美艺术家在中国首次同台献艺，琵琶大师刘德海与小泽征尔执棒的波士顿交响乐团完美地演绎了《琵琶协奏曲》。刘德海应波士顿交响乐团的邀请，与钢琴家刘诗昆赴美演出，完成了中美文化交流史上的第一次互访。
1980年	中国式庭院"明轩"在美国纽约大都会艺术博物馆落户，成为中国古典园林走向世界的首例蓝本。
1980年2月	美国摄影家路易斯·海因反映20世纪上半叶美国历史的200余件作品在北京展出。这是中美建交后在中国举办的第一个美国文化艺术展览。

1980年6月	波士顿芭蕾舞团访华演出，是美国第一个来华演出的芭蕾舞团，北京舞蹈学院学员协助了该团在北京天桥剧场的首场演出。
1980年8月	北京京剧院一行74人对美国进行为期13周的演出，美国前国务卿基辛格、著名剧作家阿瑟·米勒等知名人士观看演出。该团是继1930年梅兰芳先生访美演出之后第一个到美国访问演出的大型京剧团。
1993年	"阔别二十载,惊鸿今又来"，费城交响乐团继1973年访华之后，再次访华演出，首场演出在人民大会堂举行，两国元首都为费城交响乐团访华题词。
1997年	江泽民主席访美，拓展了中美文化交流的深度和广度，中美文化交流更加活跃。这一年，两国文化交往达366起，仅《中华文明五千年》文物艺术展就在美国展出4个月。
1998年2月	《中华五千年文明艺术展》在纽约开展，共展出了500多件中国历代艺术珍品，有力地宣传了中国和中国的悠久历史和文化。
1998年5月	美国向中国归还了47件被美国海关查获的中国古代文物。
1998年	克利夫兰交响乐团和纽约爱乐乐团相继访华演出。
1999年1月	美国国家交响乐团来华演出。
2000年8—9月	中国在纽约等美国东西海岸和中西部9个城市陆续举办了规模最大、范围最广、时间最长的大型综合性文化交流活动——"中华文化美国行"，内容包括主题演讲、文艺演出和艺术展览，吸引观(听)众约10万人次。
2005年10月	"中国文化节"(Festival of China)在华盛顿举行，取得巨大成功。
2008年12月	第一届中美文化论坛在北京举行。此后每两年轮流在中美两国举办一次。

2011年11月	首届中美文艺论坛在北京举办。论坛由中国人民对外友好协会、美国亚洲协会及阿斯彭学会联合主办,旨在加强中美两国在文化领域的交流和理解。
2013年11月	中美签署5个重大文化项目合作文件。
2014年6—7月	史密森学会与中国文化部在华盛顿举办2014年史密森民俗节中国主题活动。
2014年7月	第五轮中美人文交流高层磋商在北京举行,双方在文化领域达成38项重要成果。

引 言

2011 年 11 月 21 日晚,甘肃大剧院,美国乡村音乐"浪漫班卓琴"兰州音乐会现场

这是一场由美国驻华大使馆和中国国际交流中心主办的音乐会。主唱阿比盖尔·沃什本(Abigail Washburn,中文名王爱平)用地道中文说的开场白"朋友们,大家晚上好!"一开始就令现场的 1400 名观众备感亲切。美妙动听的美国乡村音乐,加上王爱平用流利、风趣的中文与现场观众的互动,赢得了观众经久不息的掌声。但更吸引眼球的,还是舞台上中美音乐的汇流。甘肃省民族艺术节的二胡独奏《战马奔腾》,由美国音乐家伴奏;王爱平用英语演唱的 *Bright Morning Stars*(《明亮的晨星》),则由中国民族艺术家二胡伴奏。王爱平说:"音乐能改变人们的内心,能改变人们的思想。"中国二胡演奏家说:"中美音乐可以合作,因为音乐是心和心的合作。"

▶ 故 事

音乐连接心灵
——王爱平的中国情与音乐路

  Abigail Washburn，著名美国女歌手，取了一个典型的中国名字——王爱平。这个名字既与她的姓名有些谐音，又体现了她的人生追求。

音乐使者——王爱平

1995年,18岁的王爱平来到中国,在复旦大学学习中文。彼时,她的理想是成为一名律师,希望从上到下改善中美关系。看到墙上张贴的"学习中文,了解中国"海报,她充满期待。很快,她就迷上了中国悠久的历史和丰富的文化,对中国产生了深厚的情愫。她说:"学了中文后,我才发现,在一种全新的文化中,你的思路顿时就开阔了,发现了许多新的东西。"经过复旦7个星期的强化中文学习,她回到了明尼苏达的家中。

然而,尽管觉得中文很难学,王爱平还是毅然地回到中国,她说:"回到美国之后常常夜不能寐,要尽快再回到中国。"这次,她来到四川大学。一个偶然的机会,王爱平结识了一位热情的中国妇女——王太太。王太太说:"我邀请你到我家,我给你煮饺子,教你学汉语。"王太太的真诚打动了王爱平,她每周到王太太家四次。王爱平说:"王太太把我养胖了,还教会了我用中文写诗歌,唱中国民歌,如《康定情歌》等。更重要的是,王太太跟我讲述了她自己的故事,让我进入了她的生活,我们的内心相通了。"在一个冬天的黄昏,王爱平把一束梅花带给王太太。睹物思情,眼含泪花,王太太向她讲述了自己的一段经历。"文革"期间,她的儿子被送往劳教,也是在一个冬天的黄昏,有人给她送来一束梅花,告诉她,她的儿子不在了。讲述这段经历的时候,这两位不同国籍的女性都落下了眼泪。王爱平说:"这个故事让我看到了王太太的内心,我们的心连在一起。"王爱平在重述这段经历的时候,用流利的中文背诵了王安石的著名诗篇《梅花》:"墙角数枝梅,凌寒独自开。遥知不是雪,为有暗香来。"她说,王太太就如那傲雪的梅花,对未来充满信心,因为,看到梅花,意味着"漫长的寒冬要结束了"。说到这来,王爱平又不禁唱起了王太太教会她的四川民歌,"太阳出来了喂,喜洋洋啰"。

半年之后,王爱平回到美国家乡。亲戚朋友对她说:"很高兴你安然回来了,日本怎么样?"对此,王爱平感到失望。亲戚朋友们,也许还有很多美国人,居然对中国那么无知,那么浅薄。美国电视上也充斥着"可怕的中国"形象。这更加坚定了她让更多美国人了解中国的决心。她体会到音乐连接人心的力量,决心用音乐推动中美交往,放弃做律师的理想。正如她在2012年的美国技术、娱乐、设计年会(简称TED年会)上所说,"中美关系不需要另外一位律师"。

汶川地震之后,王爱平作为救灾志愿者再次来到四川。看到许多孩子们在远离家乡的重建学校学习，情绪有些低落，王爱平鼓励孩子们给她唱歌，让孩子们振作起来，在困境中自强。一位女孩对她说："王大姐，我可以给你唱一些妈妈教我的歌曲吗？"得到许可之后，女孩坐在王爱平腿上，唱着歌，流着泪。录制完一名叫陈洪林的同学思念母亲的歌曲，王爱平告诉他要让他妈妈听到他的歌声。陈洪林说："我的家在开车6小时以外的地方，你找不到的"。但是，王爱平和她的伙伴们冒着危险，开着车最终找到了陈洪林的家。陈洪林的母亲和亲属们正在重建房屋，王爱平说明来意，陈母为他们泡了自制的茶叶，王爱平则打开笔记本电脑，把陈洪林唱歌的情形放映给他母亲看。看到儿子充满感情地唱着"漂泊异乡的游子，牵念着妈妈……"，陈妈妈热泪盈眶，在场的人都流下了泪水。王爱平与《上海复兴方案(Shanghai Restoration Project)》音乐的制作人合作，特意实地录制了大量地震灾区儿童们的声音以及重建房屋的碰擦之声，混编民谣和电子音乐，制作了公益唱片《地震之后》，唱片在美国的销售所得全部捐给四川地震灾区。王爱平说，她这么做就是希望通过音乐传递爱，希望人们通过音乐理解彼此的心。

也正是因为中国的悠久文化，王爱平开始探寻美国的传统音乐，从而最终走上了辉煌的音乐之旅。在2014年第七届全美中文大会开幕式上，王爱平说："如果不是中国，我就不会学会那么多古老的美国音乐和乡村音乐。"从一开始，她就巧妙地通过音乐把中美文化和中美人民联系起来。她的第一张专辑 Song of the Travelling Daughter（《游女吟》）于2005年在北美发行，其中包括两首中文歌曲，而专辑的名字也取自中国古诗《游子吟》。每次谈到这个专辑，王爱平都会流利地背诵唐代诗人孟郊的《游子吟》："慈母手中线，游子身上衣。临行密密缝，意恐迟迟归。谁言寸草心，报得三春晖！"她不仅是把传统的美国民谣翻译成中文，同时也把中国的许多歌曲带到了美国。她曾10多次在中国演唱，将中美的音乐文化精美地、完整地融合在了一起。她与数百名中国音乐家同台演出，用音乐传递友谊，彼此感触音乐连接人心、改变人心的强大力量。

以王爱平为核心成员的"麻雀四重奏"的诞生也与中国息息相关。2004年，王爱平来到中国，在北京、上海、成都、重庆等地成功演出。2005年，她及另外3位乐手再次赴华。其间在上海的民间交流，由美国驻沪总领馆牵头,王爱平领衔的美国艺术家和上海腾飞民乐团的演奏员们热情交流,中美民间音乐在活动中相互碰撞,给双方留下了深刻印象。在这次访问中国前,这4位美国乐手从来没有正式在一起合作过。回到美国后,他们受到中国之行的触动和鼓舞,组成了一支乐队——麻雀四重奏。所以,乐队成员们说:因为中国,我们才聚在了一起,我们的根在中国。2006年,他们应美国教育部暨美国教育交流中心之邀,作为第一支赴西藏的美国乐队开始演出。2008年,她到北京为奥运会献唱。2010年上海世博会,她在美国国家馆日庆典期间献演。

　　2011年11月至12月,王爱平与其他几位美国音乐家一起在中国开启了"丝绸之路"巡演,从呼和浩特出发到乌鲁木齐,沿途一路演唱,在中小学、大学、剧院、广场、城墙等地方即兴表演,与汉、蒙古、回、藏和维吾尔等民族音乐家合作,同台演出,目的是通过音乐建立中美友好的桥梁,解决分歧。一次在兰州,当地文化部门找来当地一位著名二胡演奏家同台演出。但这位二胡演奏家有点不太高兴,说:"中国人和美国人不会合作音乐,我们的音乐太不一样了。"但当那位二胡演奏家独奏的时候,美国音乐家用美国乐器给他伴奏,配合默契,他嘴角露出了微笑。王爱平演唱英语歌曲,那位二胡演奏家欣然伴奏,两人配合得天衣无缝。二胡演奏家说:"我发现美国人和中国人也不是不能合作音乐。音乐是心和心的合作。"王爱平从中看到了音乐改变人心、改变思想的力量。

　　2012年11月17日晚,由中国人民对外友好协会和美国亚洲协会主办的《中美文化艺术论坛》——第二届《音乐对话》音乐会在中央音乐学院举行。王爱平和中国古筝演奏家吴非精心挑选具有中美两国代表性的民歌和乐曲,用演唱、演奏和舞蹈,将中美两国不同的音乐和文化融合在一起,为观众献上了美妙的民间音乐。

　　《华尔街日报》对她的音乐高度评价:"在舞台上,王爱平完美地将她的声音与高超的演唱技巧结合,中文的演唱使她那诗一般的高音更加有感召力。"美国《新闻周刊》则说:"她的音乐糅合了黄金时代的美式民谣和古色古香的中国风,王爱平把她全部热情注入这种华丽、欢愉的新曲风之中。"

　　在创造丰富的音乐作品的同时,她对中国的热爱始终没有中断,始终怀抱用音乐作为中美交流和教育媒介的志向。她最新的项目名为"吴—力量"乐队（"WuForce"），成员包括中国年轻音乐人、古筝手吴非，她们用英语和汉语演唱美国和中国传统民歌。中国情，音乐路，王爱平仍在继续。

"洋"贵妃的京剧不了情

　　Elizabeth Wichmann-Walczak，中文名魏莉莎，现为美国夏威夷大学戏剧舞蹈系教授、亚洲戏剧部主任，著名戏剧学家。1980年，她在南京演出《贵妃醉酒》，因扮相俊美、唱腔圆润，被人称为"洋贵妃"，风靡全中国。1981年秋天，她回到夏威夷大学任教。此后的30多年，魏莉莎潜心研究中国京剧，与江苏省京剧院和中国著名京剧艺术家沈小梅等合作，四年一度，将京剧翻译成英文，并组织学生训练、排演。魏莉莎教授认为，正是由于中美之间的合作，具体地说，是沈小梅和她本人的合作，夏威夷大学的中国戏剧项目才有了深度和价值。魏莉莎教授称沈小梅为伟大的艺术家、老师、文化视野开阔的人，而称自己为沈小梅的学生、一位教师、学者及另一类型的艺术家。魏莉莎介绍说，轮到四年一度的中国戏剧年，要花6个月训练，6个星期排练，2~3个星期演出。在这一过程中，魏莉莎教授要筹集资金，参与准备具体的脚本和配乐，负责6个月的大学训练课程，翻译剧本，然后协助学生从模仿转变为表演。这样，学生在训练的全过程都沉浸于京剧这一重要的国际性表演艺术里。

　　魏莉莎从小就与亚洲结缘。她的父亲是一位经济学家、外交家和社会活动家，是二十世纪五六十年代美国与缅甸处理"二战"遗留事务的调停者。1959—1962年，他们一家四口生活在缅甸。小时候的魏莉莎还随父亲到过几次香港。从小喜爱表演艺术的魏莉莎也对亚洲的表演艺术产生了兴趣。后来进入艾奥瓦大学，她的专业就是戏剧，又选修了东亚和东南亚历史以及中国文学课程，并最终获得戏剧及中国语言和文明两个学位。她对授课老师说，自己非常喜欢中国文学。出乎意料的是，那位来自澳门的老师对魏莉莎说:"如果你不懂中文,你就没有资格说爱好中国文学。"这句话触动了魏莉莎,她决心学好汉语。经过在中国台湾一个假期的严格训练以及在夏威夷大学的研究生学习,她的汉语水平提高很快。

1978年,中美关系的大门虽未完全打开,但经美中友好协会的安排,魏莉莎第一次来到中国大陆,访问了北京、上海、大连、鞍山、西安等城市,参观工厂、公社和居民家庭,并观看了一些京剧表演。1979年中美建交互派留学生时,她是第一批到中国的30名美国学生之一。同年8月,魏莉莎被安排到南京大学学习,为她有关京剧的博士论文进行准备,期间得到徐曼华老师的悉心指导。一次,当时的南京大学校长匡亚明先生为留学生们举办了一次茶会,要求每位留学生表演。其他学生基本上演唱国歌,而魏莉莎在茶会上表演的《牡丹亭·游园》一鸣惊人,深得校长喜爱。匡亚明校长亲切地称她为"外国小妹妹"。在匡亚明的大力支持与帮助下,魏莉莎破例得以到江苏省京剧院,观摩京剧演员训练、排演,与演员一起练功、排练,采访江苏省京剧院的艺术家和管理人员;并到江苏省戏剧学校观摩、选课,采访老师和工作人员。同时,她拜著名艺术家、戏剧大师梅兰芳的嫡传弟子沈小梅为师。回忆起当时的情形,魏莉莎说:"除了睡觉和洗衣服,我醒着的时间全都在江苏省京剧院和江苏省戏剧学校度过。"言谈之中充满了对匡亚明校长和徐曼华老师的感激之情。

从20世纪80年代初开始,江苏省文化厅、江苏省京剧院和中国京剧院一直和夏威夷大学积极开展戏曲交流。魏莉莎教授每隔4年在夏威夷大学戏剧系排演一部英语京剧,江苏省文化厅和京剧院派3位京剧艺术家到夏威夷大学对学生演员们进行为期6个月的集中训练,帮助排演。沈小梅则一直作为艺术指导。魏莉莎说:"这么多年来,我深刻感觉到江苏省文化厅和京剧院是严肃地投入到交流工作,始终没有放松过。"截至2014年3月,夏威夷大学已排演了《凤还巢》《玉堂春》《沙家浜》《杨门女将》《四郎探母》《秦香莲》《白蛇传》《穆桂英挂帅》等8部剧目,并多次到中国巡演。这些作品中,相当多的演员都不是华人,唱词是全英文的,这是魏莉莎的创举。她认为,用这种方式会让更多的外国观众喜爱上京剧。训练、排演一出中国传统京剧不但可以让学生通过演出来研究京剧的美学和舞台艺术,更重要的是可以推进中国京剧国际化;把京剧台词译成英文也是为了让更多人能有

魏莉莎和沈小梅与学生们在排演京剧《四郎探母》

机会接触并接受京剧，便于让中国的国粹更快地走向世界，也让不懂中文的海外华裔人士可以欣赏源于祖国的京剧文化。据了解，魏莉莎排演的每部京剧都会在夏威夷大学肯尼迪大剧院连续上演 8～10 场，剧院里经常座无虚席。英语京剧不仅吸引了外国观众，同时也让很多中国留学生和学者感到新奇。虽然他们自己不唱，甚至不经常看京剧演出，但是很多人都会去看夏威夷大学的京剧表演，并对英语京剧能够在美国与莎士比亚和国际先锋戏剧同台表演感到欣喜。

谈到京剧的国际化和魏莉莎教授领导的夏威夷大学中国京剧项目，沈小梅说："京剧起源于中国人民，也许比任何其他表演艺术都能更清楚完整地体现、代表中国人民。与中国几代京剧艺术家一样，我也相信京剧是一门具有国际价值的艺术。为了像原先都是民族艺术的芭蕾舞、歌剧和现实主义戏剧等那样得到国际认可，京剧也应该由中国之外的非华裔艺术家进行深入研究，认真表演。我对夏威夷大学数十年来在这方面的开创性工作深表感谢。我确信，通过对京剧的集中学习和认真表演，夏威夷大学的学生们不仅在帮助京剧得到其应有的国际认可，也有利于这个多文化世界戏剧和音乐的丰富多彩。" 2002 年，为庆祝南京大学百年华诞，魏莉莎带领她的学生京剧演员们来到南京，用英语演出了中国传统京剧《秦香莲》。这些外国学生演员的唱、念、做、打，一招一式，韵味十足，受到观众的热烈欢迎。南京大学校长蒋树声高度赞扬校友魏莉莎博士为推进中美文化交流所做出的努力,认为英语京剧《秦香莲》是"上世纪在南京大学校园盛开的花朵结在异乡的硕果"。2008年10月,参加第31届世界戏剧节的魏莉莎再一次回到南京,并带回她新近的得意之作《杨门女将》,英文唱词、唱念做打招式齐全,同样引来观众连连称奇。

魏莉莎在把中国京剧搬上美国舞台的过程中,还潜心研究中国戏剧大师梅兰芳、曹禺、老舍等人的戏剧理论文章,结合自己的实践,于1991年前完成专著《听戏:京剧的声音天地》,在美国出版发行。此外,她还打算写一本关于京剧的书。她说:"对于中国戏曲这样大的变化,我打算写一本书,我已经积累了很多笔记,我的京剧表演老师沈小梅老师也一直希望我写这本书。因为我的角色很特别,对于中国戏曲,既是从外面往里看,同时又经常身在其中。"她每年在中国和美国的学术刊物上发表各种学术文章,评析京剧。魏莉莎说,京剧是一门出类拔萃的艺术,自己能从事京剧教学和研究,并四年一度训练学生欣赏、表演京剧,感到非常荣幸。

魏莉莎和上海昆剧团的主要演员在一起

在长期与中国戏剧界的合作中,除了匡亚明校长和徐曼华老师等,魏莉莎还与很多人建立了深厚的友谊。她说,是沈小梅老师培育了她,沈老师就像她亲密的家庭成员一样对待她。武俊达老师是中国戏曲音乐协会的音乐家,曾对魏莉莎的京剧作品给予音乐上的指导,魏莉莎直到现在还"非常想念他"。魏莉莎还经常到陆根章老师家吃饭,与陆根章老师家人一起逛公园。陆根章老师为她解答了无数有关京剧的问题,在他自己不熟悉的领域,还帮她找人解答,并不断协助她提高中文水平。"陆根章老师就像是我的哥哥。"魏莉莎教授说。当时,中国还在改革开放之初,思想并没有完全解放,魏莉莎的中国朋友们为此都顶住了很大的压力,这让她倍感这种感情的珍贵。自 2010 年起,夏威夷大学孔子学院连续两次分别资助了《白蛇传》和《穆桂英挂帅》的排演。2012 年以来,魏莉莎教授与京剧表演艺术家叶金森和孙萍伉俪从初次相识发展到友好合作。她们在北京和夏威夷进行了多次会面,商讨合作及推进京剧的国际化等问题。2014 年初,孙萍和叶金森专程到夏威夷大学,对正在排练《穆桂英挂帅》的夏威夷大学戏剧系和音乐系学生进行现场指导,给他们极大的鼓舞,并观摩了首演,魏莉莎教授也非常感动。孙萍老师正积极努力,促成魏莉莎和她的学生们再次到中国演出;魏莉莎也表示愿意为孙萍老师主编的《中国京剧百部经典英译系列》提供力所能及的帮助。这两位志同道合的京剧艺术家的合作值得期待。

魏莉莎教授热爱中国文化艺术,致力于国际文化交流。她的事业发展几乎与中美建交和中美关系的发展同步。魏莉莎早在 1971 年就与京剧结缘,40 多年来她情缘未改,也成为改革开放之后中国京剧发展的经历者和见证者。她说:"我的愿望是帮助京剧成为一种生机勃勃、不断发展的艺术形式和跨国界的中国文化化身。"

雕塑凝聚友谊
——马丁·路德·金雕像背后的故事[①]

马丁·路德·金博士,二十世纪五六十年代美国著名的民权运动领袖。每年一月的第三个星期一,是马丁·路德·金纪念日,这是美国法定的全国性

[①] 雷宜锌先生 2012 年到夏威夷大学讲座,介绍了这一雕塑背后的故事,笔者担任翻译。部分内容参考《岩石上的梦想——雕塑家雷宜锌为马丁路德金塑像始末》。

节日，可见他在美国人心目中的地位。其"我有一个梦想"的演讲，无论从气势、内容还是语言上，都是享誉世界的经典之作。

在美国政治的心脏地带——华盛顿国家广场，有一个马丁·路德·金纪念园，园中矗立着马丁·路德·金的雕像，一座近9米高的巨型花岗岩石雕人像。而这尊雕像的雕刻者，却是一位来自中国湖南的艺术家——雷宜锌。石像左侧底座上"雷宜锌，12.30.2010"的签名，把这位中国艺术家与马丁·路德·金永远地联系在一起。

雷宜锌与参观马丁·路德·金雕像的游客在一起

由一位中国艺术家完成一位代表美国政治理想和社会信念的标志性人物的雕像，过程虽然一波三折，但用雷宜锌的话说，马丁·路德·金雕像，凝聚的是友谊。

美国华盛顿马丁·路德·金国家纪念园总建筑师埃德·杰克逊博士一直在寻找马丁·路德·金雕像的艺术家，他向马丁·路德·金的遗孀保证，纪念园一定会体现金博士为种族平等而努力的一生和他的精神遗产，表达出他当之无愧的气节和尊严。随着时间的流逝，寻找一位胜任的艺术家成为杰克逊博士最为紧迫的任务。

中国湖南长沙市与美国明尼苏达州圣保罗市在20世纪80年代结成姐

妹城市。2006年，圣保罗公共艺术协会准备举办国际石雕研讨会，中美友协明尼苏达州分会理事何之霓女士回到她的老家长沙，挑选艺术家参加研讨会。最终，湖南省雕塑院院长雷宜锌被组委会选中。但是，雷先生不懂英语，也不能连续几天不吃湘菜，因此提出与夫人石洁莹同行。本来，研讨会只邀请艺术家本人，夫人的加入，需要另外申请签证，另外安排食宿，因此，石雕研讨会负责人克里斯汀·拉森女士对雷先生这一要求有些为难。但考虑到雷宜锌的特殊困难，她同意了雷宜锌的要求，并通过明尼苏达州参议员的帮助为石洁莹申请到签证，委托美中友协为雷先生夫妇安排住处，以符合他们的生活习惯，还请华裔城市规划师卢伟民先生担任雷宜锌的艺术翻译。研讨会期间，雷宜锌忙于创作，石洁莹参与交流，配合默契，克里斯汀也庆幸当初答应了雷宜锌的要求。

雷宜锌的创作得到当地民众和其他艺术家的高度称赞，也引起了杰克逊博士的注意。杰克逊发现，雷宜锌的设计和创作卓尔不群，他能抓住作品中人物或对象的灵魂，以一种无可名状的表现力，让石块栩栩如生。听到杰克逊对马丁·路德·金项目的介绍，雷宜锌毫不犹豫地表示："我能在十三个月内完成。"两个月之后，雷宜锌提交了《希望之石》的创作初稿，并表示："我决定请金博士从岩石中走出来，因为金是人类希望的象征，而且，金是一位和平的斗士。"听到这话，杰克逊就决定，雷宜锌是设计建造金博士雕像的最合适人选，双方也签订了合同。

创作这个雕像，雷宜锌要尽量融合中西方的艺术传统，还要力求创新。他说："美国人做东西比较精细、圆润、丰富；中国追求线条的流畅和美感。中国艺术还讲究概括、简练，讲究'意到笔不到'。我设计的雕塑，上部分是实的，下部分是虚的；头部接近美国的手法，比较细；越往下走，就越虚，成面成块。另外人像的背景都是大刀阔斧劈出来的，是一种很概括的语言。雕塑融合了东西方的艺术特色。"

不久，杰克逊和助手来到长沙。当看到雷宜锌在工作室展示的雕像模型时，杰克逊眼睛一亮，对这个设计赞不绝口，说："这就是我们所要的金！"杰克逊甚至没有料到雷宜锌工作进度这么快，对他的工作热情和速度印象深刻，而雷宜锌也会及时向杰克逊他们通报工作进度和状态。杰克逊和纪念园基金会等也非常包容，从不指手画脚，完全信赖雷宜锌的艺术判断力，雷宜锌没有感到任何压力，享有极大的创作自由度。基金会与雷宜锌在合作中对于彼此的理解与支持感到欣慰，也彼此钦佩对方对于工作的满腔热情，双方在合作中建立了深厚的友谊。

从纪念园基金会选择中国艺术家雷宜锌为主设计师完成马丁·路德·金雕像直到雕像最终矗立在华盛顿国家公园，中间可谓一波三折。最主要的是对选择中国艺术家来创作美国政治人物雕像的质疑，美国有强烈的声音认为，应该选择一位美国黑人艺术家，至少是一位美国艺术家来完成这么重要的雕像。但基金会主席哈利·约翰逊表示，马丁·路德·金的根本理念就是超越种族、肤色以及阶级的偏见来判断个人。他说："雷宜锌被选中，只是因为他是这项工作最合适的人选。这与姚明效力休斯敦火箭、成龙出演好莱坞电影是一个道理。"金博士的家人对雷宜锌设计的认可同样起了决定作用。

雷宜锌与金博士的家人在一起

2010年8月，在中国完成的159块石雕散件终于运抵美国，10月，雷宜锌的工程队开始安装雕像，美国华盛顿地区的泥瓦工及手工业者工会派出两名工人参与安装。在工地上，无论是中国工人，还是美国工人，都为了圆满地完成纪念园的工程而努力工作，成为并肩战斗的朋友。尽管语言不通，但美国工人和中国工人有时一起去酒吧，美国工人时常享受一下中国湖南的名烟，这样的消遣对于做繁重安装工作的工人来说很有必要，他们也因此建立了淳朴的友情,美国的吊车司机也与雷宜锌的工程队互相赠送工作服、钢笔和巧克力,结下深厚的友谊。

安装期间,不断有民众到现场参观。很多民众会捡起一块废石料,请雷宜锌签名。雷宜锌非常热心,从不拒绝签名。临近感恩节和圣诞节,现场的美方工程技术人员都会寻找小小的废石料,请雷宜锌签名,并用中文题写"和平"、"爱"等字样。12月初,一位70多岁的非裔老太太随团来到工地参观。老太太抚摸着雕像,流着泪说:"这就是我们的金,我感觉他又活过来了。"她拉着雷宜锌的手,一再向他表示感谢。金博士的家人也到安装现场参观,向雷宜锌他们表达感谢。

2006年在明尼苏达州的国际石雕研讨会给雷宜锌提供了一个走向世界的平台,同时,他也感受到促进中外艺术交流的重要性,希望自己能成为湖南艺术界与明尼苏达艺术界之间的桥梁,希望两个州省的人民能分享彼此的艺术。雷宜锌在圣保罗期间,创作了一件雕塑作品《遐想》送给圣保罗市,受到当地居民的喜爱。在长沙市和圣保罗市结成友好城市迄今的30年中,长沙和圣保罗的市长们都组织代表团进行过文化交流和其他友好访问,民间商务往来也越来越频繁。从2006年石雕研讨会之后,雷宜锌的工作室就成为长沙市乃至湖南省外交事务中访问交流的重要节目。2008年圣保罗市市长科尔曼访问长沙时,就曾到访雷宜锌的工作室,参观了正在创作中的马丁·路德·金雕塑。

雷宜锌看到圣保罗市的文化艺术事业充满活力,萌生了带领湖南艺术家到美国办一个综合艺术展的想法,以促进长沙和圣保罗两个姐妹城市之间的文化艺术更广泛地交流。筹备工作紧锣密鼓地进行,大量繁杂的工作由两国的热心人士志愿完成。2010年6月,明尼苏达州的新闻媒体和艺术网站上开始介绍即将到访的"和谐湖南美术、书法、摄影艺术展"。7月,艺术展在圣保罗视觉艺术画廊举办,主办单位有圣保罗市市长办公室、圣保罗视觉艺术学院、圣保罗公共艺术协会、美中友协明尼苏达州分会等。艺术展吸引了众多艺术家和艺术爱好者。在圣保罗市公共艺术协会举行的招待晚会上,2006年参加国际石雕研讨会的明尼苏达州艺术家与雷宜锌等再度相逢,艺术家们为远道而来的中国艺术家即兴演奏小提琴和吉他。在美好的音乐中,大家忘却身份和国籍、语言的隔膜和文化的差异,一起沉浸在美好的回忆中，憧憬着未来。公共艺术协会的克里斯汀也非常兴奋。参加2006年国际石雕研讨会的雕塑家带着本国的其他艺术家重返圣保罗，推进文化交流，播出更多友谊的种子，不正是国际石雕研讨会的初衷吗？

舞台续抒"飞虎"情

谈起中美两国人民在世界反法西斯战争中凝成的友谊，人们一定会提到"飞虎队"和"驼峰航线"。昆明，既是"飞虎队"的摇篮，又是"驼峰航线"的终点，这座城市与"飞虎队"和"驼峰航线"紧紧联结在一起。60年后，昆明的廖琦玉女士用歌剧的形式再现了飞虎驼峰的故事，续抒了这段令人动容的中美友情。

廖琦玉是著名女高音歌唱家、云南省翻译工作者协会会员、云南艺术学院文化学院教授。她的外公曾在陈纳德创办的昆明航线任教，与"飞虎队"队员相识。她从外公外婆、父母亲等经历过抗日战争的长辈那里，听说了关于昆明遭遇空袭的悲惨事件，种种惨状令她悲痛欲绝，在她脑海中挥之不去。"自从飞虎队来到昆明，日本飞机就再也不敢轻易来了。"童年的记忆中，长辈们提起飞虎队，他们就会满怀敬意和感激。正是中国军民的顽强抵抗和"飞虎队"的到来，昆明这座古老的城市才不再遭受日机的狂轰滥炸；也由于开辟了驼峰航线，国际援华物资源源不断地运抵昆明，通过昆明转运全国抗日战场。从历史资料中、从长辈的叙述中，廖琦玉还了解到许多动人的事迹。一位名叫莫尼的美军"飞虎队"中尉飞行员击落一架日军飞机后，自己的战机也遭到严重毁坏，当时正在昆明上空，他若及时跳伞，自己肯定可以生还，但飞机会坠毁在昆明城中而伤及居民。为了避免对平民造成伤亡，他选择继续操作飞机，最终自己与飞机一起坠毁在郊外。廖琦玉在讲述这个故事的时候哽咽了。

多年来她一直在想，一定要用什么方式来表达一个昆明人对这段历史

廖琦玉创作的歌剧《翠堤长虹——飞虎驼峰的故事》宣传海报

的纪念，让人们长久地记住这段中美友谊，让美国人知道，中国人不会忘记他们曾经为中国做出的牺牲。廖琦玉长期从事音乐教学研究，没有什么比创作一部歌剧更适合自己，也更有意义。为此，她远赴美国寻找过当年的飞虎队老兵和驼峰勇士，收集了大量的原始资料。在欧洲研修期间，廖琦玉一直随身携带美国飞行员杰米·福克斯的照片，他牺牲在驼峰航线上时还不到24岁。他的母亲只有这一个孩子，杰米已去世很长时间，她母亲还幻想着小杰米能够再回到她的身边。每当想到这些，廖琦玉总禁不住热泪盈眶，也更坚定了她创作的信心。2005年，抗战胜利60周年前夕，廖琦玉完成了《翠堤长虹——飞虎驼峰的故事》歌剧剧本初稿。云南艺术学院副院长陈勇为这部歌剧作曲，一部新歌剧就此诞生。

《翠堤长虹——飞虎驼峰的故事》自2005年首次公演以来,一直受到中外观众赞扬,特别是美国飞虎驼峰老兵们的高度评价。2005年,陈纳德将军的小女儿罗斯·玛丽专程赶到昆明,观看歌剧排练。飞虎老兵克里夫在中国看完歌剧后写信给廖琦玉说:"我们非常喜欢这部歌剧。这部歌剧对莫尼中尉和我们这些老兵已是一个了不起的贡献。我表达的是我们全体老兵对你最诚挚的谢意。我们访华团的全体成员将永远不会忘记我们所到之处中国人民的热情、笑脸和厚爱。"莫尼中尉的弟弟杰克写信给廖琦玉说:"多么欣喜你为我的哥哥谱写的美好颂歌。值得欣慰的是,他的事迹60多年来仍然被人们那样深切的怀念着。"迄今为止,廖琦玉老师已经收到1000多封来自美国的邮件和信件,感谢她创作的歌剧,并邀请她到美国访问、演出。

「飞虎」「驼峰」勇士观看歌剧演出后与演员合影

　　2013年2月,廖琦玉老师带队来到美国夏威夷。艺术团一行37人在美国太平洋舰队、太平洋舰队航空博物馆演出《翠堤长虹——飞虎驼峰的故事》,受到热烈欢迎。此外,廖老师一行还在夏威夷大学孔子学院安排下,到当地四所中小学和夏威夷大学演出交流。艺术团先在椰谷中学进行了两场演出交流,共300多名学习中文和音乐的学生参加。椰谷中学校长缪胜南先生表示,这样的活动对于该校学生了解中国、拓展国际视野具有重要意义。在圣安德鲁斯学校和马里诺学校的演出,两校董事长和校长及全体师生及部分家长观看了演出。圣安德鲁斯学校媒体官员对演出全程录像并上传到Youtube视频网站上。他表示,希望这类演出能深入到夏威夷更多的学校。在著名的普纳荷学校,500多名学习中文的学生观看演出。这些演出活动使得更多美国观众、特别是美国年轻人进一步了解了这段中美两国人民用鲜血铸成的历史友谊。2014年7月,廖琦玉老师再次率团来到夏威夷。艺术团在夏威夷著名商业中心阿拉莫阿纳商业中心中央舞台、太平洋航空博物馆和檀香山市政府使命纪念礼堂举行了四场《翠堤长虹——飞虎驼峰的故事》专场演出,受到当地民众热烈欢迎。檀香山市市长专门给廖琦玉团队颁发证书,感谢他们为市民带来精彩的歌剧和中国少数民族音乐演出,感谢他们为两国人民友谊做出的贡献。

《翠堤长虹——飞虎驼峰的故事》是一部完全由民间自发创作并得到来自社会各界人士热情支持、义务参演并成功搬上舞台的大型音乐作品。廖琦玉老师为此付出了极大的心血。她甚至用自己辛苦挣来的讲课费支付排演费用,帮助艺术团成员赴美演出。王志敏女士是昆明的一位音乐老师,一直义务参与这一歌剧的排演,是几位两次都随廖老师到美国夏威夷演出的团员之一。她表示:"这部歌剧很有意义,使60多年前的中美友谊再现舞台。廖老师为歌剧倾注了这么多的热情,付出了那么多心血。我为廖老师的精神所感动,也毫不迟疑地支持她!"

此外,廖老师还数次应邀出席了飞虎队协会年会和驼峰协会年会,见到多位飞虎队飞行员和驼峰飞行员及他们的后代。她自己和她在昆明的朋友也几次接待来访的飞虎队和驼峰飞行员及其亲属。2013年3月在云南省教育厅的一次汇报演出,廖老师特意邀请飞虎队飞行员库萨克的儿子做主持人,正在昆明访问的美国太平洋博物馆代表团观看演出,取得极大成功。通过这些交流,两国人民加深了对彼此的认识、深化了友谊。2013年,美国驻华大使骆家辉先生在昆明期间,专门与廖老师见面,感谢她为中美两国人民友谊做出的贡献。她创作的歌剧《翠堤长虹——飞虎驼峰的故事》成为续抒两国人民友情的纽带。廖老师表示,将继续《翠堤长虹——飞虎驼峰的故事》的演出,在中国、在美国,一定要让更多的中国人、更多的美国人了解这段历史。

▶▶ 相关链接

中国对外文化交流协会

中国对外文化交流协会是文化部直接指导和支持下从事民间文化交流的非营利性全国社会团体，于1986年7月正式成立。其宗旨是通过开展同各国之间的民间文化交流与合作，繁荣人类的文化事业，增进中国人民同世界各国人民之间的相互了解与友谊。协会与美国史密森学会建立了合作关系。

史密森学会（Smithsonian Institution）

史密森学会是美国一系列博物馆和研究机构的集合组织，该机构于1846年创建于美国首都华盛顿，由英国科学家詹姆斯·史密森（James Smithson）遗赠捐款。该学会是美国唯一一所由美国政府资助、半官方性质的第三部门博物馆机构，同时也拥有世界最大的博物馆系统和研究联合体。管理和经费来源于包括美国政府拨款、其他捐助以及自身商店和杂志销售赢利。其大多数设施位于首都华盛顿。该机构的诸多博物馆除圣诞节外，全年对公众免费开放。

中美文化论坛

中美文化论坛由中国文化部和美国国家人文基金会共同主办，宗旨是为中美两国在文化领域建立一种具备公共性、学术性、互动性的定期对话机制。通过此机制，中美两国可就文化相关议题进行对话与交流。论坛每两年举行一次，轮流在两国举行。首次论坛于2008年在北京举行。

▶▶ 思考与启示

中美文化交流拥有坚实的历史基础和通畅的现实通道,正在迈向一个不断升华的历史时期。两国文化交流的特点可以概括为:政府重视、民间参与、形式多样、活动频繁。两国文化的交流不但沟通两国人民的心灵与情感,增进理解和信任,还对推动两国关系健康、稳定的发展起到重要作用。

但是,中美两国文化交流还有许多值得拓展和融通的地方,需要在未来加以改进。

第一,两国文化交流的内涵有待拓展。目前中国对美文化输出以传统文化和文化遗产为主,如武术、民族艺术等,而美国对华文化输出以现代文化和文化创作为主,如电影、当代艺术等。实际上,两国文化中值得交流的内容非常丰富,如中国现代文化和文化创作、少数民族文化等,美国的传统文化和文化遗产,如印第安文化和夏威夷土著文化等。

第二,在中美文化交流中,中国方面更为重视文化的精神作用,但不太注重经济效益,而美国方面更为重视文化的商业作用,比较重视经济效益。这与两国的文化传统和价值观息息相关。美国有句名言,"美国人的事情就是做生意";而中国强调厚德载物,商业一直不受重视。同时,这直接导致一些人所说的中国"文化逆差"现象,仅从文化贸易额的角度认为中国的文化影响力低下。对这种说法笔者不敢苟同。文化的影响不是用金钱衡量的,像"中华文化美国行"之类的活动,有时候甚至还要资金投入,但这样的活动影响不可估量。但如何在推进文化交流的同时实现文化的商业价值,是中国在中美文化交流中应该认真思考的课题。

第三,中美文化交流虽然非常活跃,但中美两国之间、包括两国人民之间仍存在一些彼此认识的偏差。这一方面说明中美两国之间仍然需要大力加强文化交流,同时也说明,中美两国人民之间缺乏对对方政治文化、哲学思想、价值观等方面的深入认识,这需要两国有识之士的不懈努力。从近期来说,两国应该组织各自的社会力量,提供各种资源,有意识地培养、扩大深入了解并积极介绍对方国家的"文化社群",也就是说,两国可以共同培养更多真正意义上的美国"中国通"和中国"美国通"。在中美文化交流中,对彼此国家的形象与文化认知是极其重要的内容,因为国家形象具有政治功能、外交功能和商业功能,对经济全球化时代的国家政治、外交与商业活动具有重要的现实意义。

中国与美国分别代表着东西两个文明体系,两国文化传统与价值观念存在极大差异。正因为如此,双方更需要加深交流。

第六章

中美体育交流

44年前,"乒乓外交"打开了中美关系大门,为美中关系重建铺平了道路。"小球推动大球"成为世界外交史上的一段佳话。以中美"乒乓外交"为起点,体育作为联结中美两国人民的桥梁和纽带一直发挥着独特的作用。40多年来,体育拉近了中美两国人民的距离。从诸如奥林匹克运动会的大型国际体育赛事到美国国务院支持的在广州和成都举行的交流活动,到中国武术团2011年在纽约和华盛顿的巡演,再到2013年10月在北京和上海举办的NBA季前赛,体育在两国受到空前关注。特别是中美人文交流高层磋商机制成立以来,双方在机制框架内进行了颇具建设性的体育交流与合作,培育了强有力的合作基础,为促进中美人文交流发挥了积极作用。

大事记

1971年3月	第三十一届世界乒乓球锦标赛在日本名古屋举行，中美乒乓队员互相赠送了礼物，这对于中美关系是一个爆炸性的新闻。
1971年4月6日	中国决定邀请美国乒乓球队访问中国，这是中国为恢复中美接触所采取的一个重大步骤。
1971年4月10日	以美国乒乓球协会主席格雷厄姆·斯廷霍文为团长的美国乒乓球代表团应邀前来中国进行友好访问，周恩来总理接见代表团成员。
1972年4月	由著名教练员和运动员组成的中国乒乓球代表团应邀对美国进行了访问。
1979年4月	美国国家男子篮球队访华，成为中美建交后第一支来华访问的体育队伍。
1980年2月	第13届冬季奥运会在美国普莱西德湖举办，中国运动员首次参加。
1984年7月	中国参加在美国洛杉矶举行的第二十三届奥运会。中国运动员受到美国媒体和民众的极大关注。
1985年6—7月	中国马拉松教练员石砚杰、长跑运动员李兆太、彭祥生在美国开展"友谊之旅"长跑活动，从洛杉矶跑到首都华盛顿，

	受到沿途美国民众的热烈欢迎，为增进中美两国人民相互了解做出了积极贡献。
1996年7—8月	中国参加在美国亚特兰大举行的第二十六届奥运会，增进了两国的相互理解和友谊。
2001年3月	中国篮球运动员王治郅加盟达拉斯小牛队，这是中国运动员首次加盟美国职业体育联盟。
2002年	中国篮球运动员姚明以状元身份加盟美国休斯顿火箭队，成为NBA历史上第一位外籍状元。从此，姚明成为中国的形象大使，成为中美人文交流的重要标志。
2008年8月	第29届奥运会在北京举行，美国总统乔治·沃克·布什出席开幕式，并与家眷在五棵松体育馆观看中美男子篮球比赛。
2009年	美国四大职业体育联赛中的棒球和美式橄榄球开始登陆中国，中国体育界的顶尖人物也纷纷到美国发展或求学。
2011年7月	美国在密尔沃基、旧金山和洛杉矶举办中美"乒乓外交"40周年纪念系列活动。
2011年	中国大型武术代表团到美国纽约和华盛顿巡演，吸引数千名观众。
2011年12月	中美"乒乓外交"40周年纪念活动在北京举行，中国国家副主席习近平和美国前总统卡特共同出席。
2012年2月	习近平副主席访美，在斯台普斯中心观看美国职业男子篮球比赛，这是中国领导人首次现场观看美国职业男子篮球比赛。

▶ 引 言

2014年3月28日,美国布鲁金斯学会桑顿中国中心,纪念中美建交35周年活动现场

NBA终身总裁斯特恩、著名篮球运动员姚明、桑顿中国中心主任李成等畅谈篮球对中美关系的贡献。斯特恩说,姚明就像一个单人决策者,把中美两国连在一起。我们一直把篮球看成是与政府关系不太一样的东西,篮球有助于两国处理共同的问题。姚明指出,中美两国是文化完全不同,但篮球这一非常简单的共同兴趣把两国人民连接在一起,篮球把所有人都带到一起了。两国人民都喜欢看篮球,当美国记者报道篮球的时候,他们也在报道美国的生活和文化,而这些东西通过记者的笔墨传回中国,篮球给中美两国带来机遇。李成说,30多年前的中美关系解冻始于乒乓外交,而现在篮球运动在中国比在美国似乎还更受欢迎,体育促进了两国人民的相互理解和友谊。

▶ 故　事

在中国改革开放的浪潮中,体育界不甘落后。美国男子篮球职业联赛(NBA)的成功启示了中国篮球界,从而诞生了中国版的 NBA——中国男子篮球职业联赛(CBA)。从此,NBA 和 CBA 风靡全国,在中国青少年中拥有大量粉丝,NBA 与 CBA 也结下了不解之缘。一方面,CBA 的中国顶尖高手加盟世界顶级篮球联赛 NBA,王治郅、姚明、巴特尔、易建联、孙悦等都曾在 NBA 球队效力,其中"小巨人"姚明作为 2002 年的状元被休斯敦火箭队选中,成为该队的主力中锋,多次成为 NBA 全明星赛西部首发中锋,成为美国家喻户晓的人物,是中国形象的极佳代表。另一方面,NBA 的大牌明星常常造访中国,与中国球迷零距离接触,在中国掀起一阵阵的追星潮。而且,不少曾在 NBA 效力的美国球星也加盟 CBA,成为 CBA 球队的顶梁柱,在中国拥有超高人气,马布里就是其中的最佳代表。

2012 年 5 月 4 日,国务委员刘延东在第三轮中美人文交流高层磋商会议上说:"我不由想起一位来自纽约的 NBA 明星马布里。3 月 30 日,他所效力的北京男子篮球队赢得该队 27 年历史上首个 CBA 总决赛冠军,马布里是夺冠的最大功臣。据说,观看那场比赛的中国电视观众超过 8000 万,我也是其中一员。马布里一夜之间成为北京市民心中的城市英雄。马布里说自己有个'北京梦',而这个梦已经成真。他已拥有上千万的中国粉丝,不仅获得北京市市长授予独一无二的'长城友谊奖',还在中国拥有了自己的球鞋品牌。马布里的'北京故事'和姚明的'美国故事'告诉我们,人文交流能够跨越文化的差异和社会制度的隔阂,具有旺盛的生命力。"

马布里的北京故事

绝处逢生

5年前,斯蒂芬·马布里的篮球生涯似乎走进了死胡同。这位曾经的NBA全明星球员由于与教练和球队的矛盾被球队禁赛,《纽约时报》称他是"纽约最受人责骂的运动员"。在与记者谈及他在纽约的经历时,这位堂堂男子汉居然哭了。是啊,从NBA全明星跌入人生的最低谷,哪能不痛心疾首?他甚至想到退役不再打篮球了,还在社交媒体上24小时直播自己的生活。人们对马布里这个赤裸着上身,吞下一盒凡士林,忽而歌唱、忽而起舞、忽而祈祷的涕泪横流、亢奋迷离的家伙彻底失望了。美国著名体育电视网——娱乐与体育节目电视网(一般简称ESPN)评论说:"这一举动只有在一切自制力消失之后才会发生,只有一个人觉得他的人生没有什么比把自己出卖给摄像头更有价值的时候才会发生。"

然而,中国给了马布里重整旗鼓的舞台。此前马布里从未来过中国,虽然从小住在纽约唐人街附近,但对中国所知甚少,他说:"除了姚明,我真不知道我还了解中国些什么。"马布里花了一个月的时间做决定,加盟CBA。来到中国,他绝处逢生。在中国的几年间,他一改过去"独狼"作风,团结队友,努力拼搏,帮助北京队两次获得CBA总冠军,赢得"马政委"号,成为北京的"荣誉市民",在中国拥有超高人气。《洛杉矶时报》评论说:"这位昔日的NBA全明星在中国重新塑造了自己,成为一位友好、励志的人。"用他自己的话说:"过去的两年多里,我和中国篮球一起成长着。我爱这里,这个国度也爱我。加盟CBA,让我复活。"

绰号"马政委"

马布里在 CBA 期间，赛场内外以身作则，激励人、团结人、领导人，还擅长做球员思想工作，本土年轻球员上场前会收到他的加油短信，其他俱乐部的大牌外援与球队发生矛盾，他也两头劝和，因此被媒体尊称为"马政委"。很多大牌外援来中国就是为了挣钱，除了比赛，任何时候都戴着大耳机，自我孤立，而马布里则准备在中国发展事业。2010 年，他加盟 CBA 成绩较差的佛山队，经纪人叮嘱他，不要在他们身上花那么多气力，球队整体水平差，要多刷点个人数据，为自己积累跳槽的资本。但马布里没有理会，认为那样打球会伤害球队。他说："到佛山之后，我想跟队友打成一片。我想要跟他们更亲密，让他们觉得我也是这支球队的一分子。"训练时，他手把手教年轻人修正投篮动作；比赛时，他在射手失手时仍然给他们喂球："我用行动告诉他们，我相信你能投进！"基于赛场上建立起的信任，队友们赛后也乐于邀请他一起吃夜宵，他也因此喜欢上了中餐。在这样的氛围中，马布里过得很快乐，真正融入了中国的生活。

2011 年，马布里加盟北京队。为了备战，他提前 40 天到了北京，每天与年轻球员一起训练 6 个小时，虽然累得有些吃不消，但他说："看到其他年轻队员都在练，我也不能偷懒。"提前 40 天到达北京，意味着他有充足的时间调整时差，调整身体，也能有充足的时间去了解、熟悉新队友们，有充足的时间实现球队内部的"化学反应"。这充分体现了马布里的职业精神和对球队的热爱。队长陈磊后来也开玩笑说："我们其实也想偷点懒，但看到老马那么练，都 34 岁了，我们也不好意思啊！"

把自己的经验传给年轻人是马布里加盟北京队第一天就做的事情。他教授篮球技巧时几乎倾囊而出，包括投篮的出手角度都是手把手地教，没有一丝一毫的不耐烦。他的指导，使不少球员大爆发。球员朱彦西说："无论是在我顺境的时候，还是低潮的时候，老马都会鼓励我，让我变得更加自信。"李学林说："马布里本来就是个教练型的球员，不管是场上还是场下，他都会给我们一些指导。"队长陈磊说："老马的每一句话，每一次指导，我们都会认真听。他打球的时候,也让我们对他很敬畏。通过不断的接触,我们都不由自主地信服他,听从他给这支球队和我们每个人的建议。"教练闵鹿蕾称赞马布里是这支球队的领袖,说:"这几年,我们一直缺少这么一名有经验、人品又好的球员,他的作用不仅仅是在比赛中,他在平时的训练中会带动我们的年轻球员。"他35岁"高龄",每场比赛全力拼搏的精神感动北京,征服球迷,震撼中国篮坛。能做到这些,绝对配得上"马政委"的称号。

北京小伙儿

马布里到中国,就是要开始新的生活。他说:"来到中国后,我感觉自己完全可以重新开始新的生活,我的人生目标越来越清晰。北京和纽约很相像,各种大都市的文化活动和饮食应有尽有,北京人非常友善,这让我决心成为一个标准的北京小伙儿。"他融入北京的生活,学着像普通北京人那样,坐地铁到体育馆训练,品尝火锅,去工人体育馆为国安队加油,去光彩体育馆为北京女排助威,跟相声演员曹云金一起说相声,看望患白血病的小朋友。

在北京,马布里找到了家的感觉。他一直想在北京安家,想在北京买一套房子,度过自己的后半生。2012年,北京万科签约他成为品牌形象代言人,他获赠一套带小花园的三居室房子。这样,2014年他在北京就拥有了自己的家。开发商不但希望马布里能够住在自己的新家里,更希望他能带动小区的体育氛围与环保。他准备将来把妻子、3个孩子和母亲都接到北京来。他说:"我非常喜欢我的新家,还有一个花园,我的母亲特别喜欢种植物,到时候她肯定会在我的花园里种满花草,她肯定会喜欢这里。"他大女儿快17岁了,读11年级,外语是汉语,学得很好,她一来中国就能听得懂大家在说什么,马布里要她把中文说得跟本地人一样流利。

马布里已经把北京当做自己的家了,正如他刚来北京时给自己定做的T恤衫上写的那样:北京男孩。他表示,未来30年都会在中国,他要在CBA退役,然后留在中国执教,开始教练生涯。

荣誉市民

2014年4月,北京市市长王安顺亲手把证章和金钥匙颁发给马布里,感谢为北京男篮三年两夺CBA总冠军立下汗马功劳的马布里。尤其在2013—2014赛季里,他更是发挥了全队首要核心作用,在季后赛带伤上阵,带领球队顽强拼搏拿下冠军,很好地诠释了北京精神的内涵。马布里成为第30位"北京市荣誉市民"。"北京市荣誉市民"是以北京市政府名义颁发的荣誉称号,授予在北京市对外交往和经济建设、社会发展等方面做出突出贡献的外籍人士、海外侨胞和港澳同胞。

获得"荣誉市民"称号后,马布里立即在微博上表示:"感谢北京市政府授予我这座城市的钥匙,我发自内心地感激北京给予我的厚爱与尊重。我将一如既往地在球场上倾尽全力,北京永远是我的家。这一切简直太棒了!"他特别感谢神奇的北京球迷给予球队的支持和力量,让北京男篮完成了过去不可能完成的任务。

超高人气

马布里初到中国就受到中国球迷和媒体的热烈欢迎,这使他深受触动,也因此爱上了中国。马布里在球场内外展现良好的职业素养和精神风貌,用优异的表现回馈球迷,这为他赢得了更多的中国粉丝。如今,马布里在新浪微博拥有350多万粉丝,在腾讯拥有44万粉丝,在网易拥有46万粉丝,在中国拥有极高人气。他常常通过社交媒体与球迷互动,以"love is love"(爱就是爱)作为自己的座右铭。他在传递爱。有位球迷问马布里:"有一次在电视上看到你的访谈,记者问你的队友谁最棒,你的回答是个个好。我当时就笑了,心想咱中国的儒家文化真是太有感染力了,连NBA的'独狼'都变成深谙中庸之道的'马政委'了。到底是什么原因让你性情大变呢?"也许是因为中国球迷对他的爱,以及他对篮球、对中国、对球迷、对社会的爱。

马布里不仅在中国成了名人,他的故事同样也引起了美国媒体的关注。2014年9月29日《洛杉矶时报》刊登题为《斯蒂芬·马布里:从NBA坏男孩到中国名人》的长篇通讯,介绍了马布里在中国成功的故事。马布里在美国的人气也在节节高升。

姚明的美国故事

在2002年NBA选秀大会上,中国篮球运动员姚明被休斯敦火箭队首先选中,成为2002年NBA状元,这是NBA历史上外籍球员首次成为状元,引起美国媒体和民众的极大关注。姚明被誉为最好的"中国制造",中国出口到美国的"最好产品",一向挑剔的美国媒体也挖不出他的任何负面新闻。姚明深受美国民众的喜爱,成为中国在美国最佳的"形象大使",不仅仅是因为他的身高、他的球技,更主要的是因为他在NBA赛场内外表现出来的人格魅力。

化敌为友

"小巨人"姚明加盟NBA休斯敦火箭队,皆大欢喜,唯一感到有些不爽的也许是当时NBA最著名的中锋、效力于洛杉矶湖人队的"大鲨鱼"奥尼尔。同为中锋,奥尼尔也许感觉到,姚明的到来可能会抢了他的风头;同为西部球队中锋,奥尼尔明白,他作为NBA全明星赛西部首发中锋的位置岌岌可危。果不其然,在休斯敦火箭队选择姚明之后,NBA第一中锋奥尼尔就姚明加盟NBA接受电视采访时学着用中文说了一些被认为具有种族歧视性质的话。奥尼尔的话虽然当时没有引起人们的注意,但在姚奥第一次球场对决之前,奥尼尔的话被媒体挖了出来,引起媒体的一阵炒作。但姚明很快就化解了这一局面,他说:"两种不同的文化互相理解存在很多困难。中文很难学,我小时候学起来就有困难。"姚明由此赢得了奥尼尔的尊敬,到了比赛时,就没有人再提这件事了。后来,奥尼尔告诉记者:"姚明是我的兄弟。"奥尼尔退役了,姚明在推特上祝福他退役生活快乐,说:"他是一位伟大的冠军和球员,我祝他成功、幸福。"而谈到姚明的退役,奥尼尔也说:"伙计,咱们去度假吧,我和你。"

在 NBA 赛场,激烈的身体对抗是家常便饭,由此导致的个人恩怨甚至球场斗殴事件并不罕见。姚明作为球队的主力中锋,在攻防两端都发挥着核心作用,也常常被下"黑手"。但姚明在赛场上能控制自己的情绪,他没有因为对手的"黑手"而与对手产生恩怨。他的绅士风度让人看到中国人的宽容与博爱,也赢得了美国媒体和球迷的尊重。

姚麦情深

姚明加盟休斯敦火箭队,与麦蒂一起成为火箭队的两大核心。但他们并没有像有些球队的核心那样因为球风和球权问题产生矛盾,而是在场上场下都保持很好的关系。在 2005 年 4 月火箭对阵快船的一场比赛中,姚明杀入篮下遭遇对方犯规侵犯,麦蒂亲自上前为姚明揉手,以便他能够更好地执行罚球;两人还曾经一同参加过好莱坞的一档著名脱口秀节目,前提就是对方都要同意前去参加。麦蒂在球场上还为姚明受到故意侵害打抱不平。在 2006—2007 赛季,与西雅图超音速队的比赛中,超音速队尼克·科里森在防守中对姚明采取了一个相当野蛮的放倒动作,麦蒂当即冲上前去与对方争执,甚至还重重推搡了科里森一下。

2013 年 7 月,姚明到休斯敦参加活动,还不忘拜访老友麦蒂。为此麦蒂更新了推特,透露姚明来到他休斯敦的家中做客。麦蒂的两个儿子似乎非常兴奋,开心地和姚明合影,气氛非常融洽。麦蒂在推特上晒出了姚明与他两个儿子的合影。

美式幽默

姚明能得到美国媒体和民众的喜爱，很大程度上也源于他愿意融入美国的文化。他说："我基本上是中国人，但在美国，你要使自己像美国人。我去休斯敦，就认为自己是休斯敦人，而不认为自己是一个去休斯敦的中国人。"姚明的幽默感大概也是他融入美国文化的一部分吧。

姚明的玩笑不愚弄他人，不嘲讽他人，没有对任何人的伤害，会让所有的人会心一笑。在2003年NBA全明星赛期间，一名记者问姚明："泰格·伍兹对高尔夫球的发展做出了巨大的贡献。而篮球在中国比起高尔夫球来说影响要大得多，你认为这其中你的个人影响力有多大？"姚明回答："我想那是因为篮球比高尔夫球大一点点吧。"一次奥尼尔与姚明作为嘉宾在电视台亮相谈起他们的故事，奥尼尔说："直到你加盟NBA第三年我才知道你会说英语。当时我在底下投中一个球，你用地道的英语说'好球'。我当时看着你说，'你会英语？'你说，'是啊，你从来没问过我。'"姚明应道："我有时尽量不引人注目。也许有时你跟队友讨论比赛战术，我就可以溜过来听听。"火箭队随队记者、《休斯敦纪事报》的乔纳森·费根有一次问姚明球队会议谈论的话题，姚明侧过身，对着乔纳森的耳朵轻轻地用英语回答："我不知道，我不懂英语。"姚明用他的幽默和优雅回答了很多记者的问题，美国媒体也把他描绘为一个没有威胁的人物——"温和的巨人"。

"为小巨人做翻译"

姚明的语言天赋也许与其篮球天赋一样高，能说一口流利的英语。但拥有再高的天赋，最初也离不开培养。姚明在提高英语以及适应美国文化的过程中，与翻译科林·潘建立了良好的友谊。

科林·潘从2002年姚明进入NBA起便成为姚明的翻译，不离其左右，一直到后来姚明掌握英语。作为姚明的专门翻译，科林·潘需要将一种语言翻译成多种语言，如将火箭主教练范甘迪要求姚明在比赛当中如何执行战术部署的话迅速翻译成中文;在记者采访姚明的时候,翻译记者的提问,同时也将姚明的回答翻译成英文。除了这些,科林·潘还教姚明开车,帮助他了解和熟悉美国文化和风俗。在休斯敦,科林·潘是和姚明以及姚明的妈妈住在一起的,他们很快也因此成为好朋友。两个人之间的友谊就是在这样的点点滴滴之中产生了。在与姚明在一起的日子里,科林·潘见证了"小巨人"如何从不为美国人所知到无人不晓的历程,更经历了姚明努力融入美国社会,融入 NBA 的艰难历程,他和姚明一起欢笑,一起担忧,帮助成就了姚明这座中美友好之桥。科林·潘曾经表示,他和姚明的友谊肯定是世界上独一无二的。他说:"汉语是我的第二外语,篮球是第三,刚开始我不知道自己能不能做好,是姚明的友好让我看到了光明。"

如今,科林·潘根据他与姚明的一部分经历写成的"为小巨人做翻译"成为美国一本语言教材的内容。这样,美国小朋友们从小就会知道姚明这个友好的中国"小巨人"。

姚明在数百万美国人关注的事情上取得了成功,让美国人仰视中国,而不是看低中国。《金融时报》甚至认为姚明与 1972 年到中国访问的尼克松总统一样重要。姚明知道,NBA 在美国关注度很高,美国人会通过他了解中国人的生活和谈吐。他就像是 13 亿中国人非官方的发言人。姚明努力做到了完美。有人说,姚明是中国了解美国的窗口,也是美国了解中国的窗口。美国一家网站说:"他真正体现了一个好人的方方面面。这影响很大。"

▶ 相 关 链 接

美国职业男子篮球协会（NBA）

全称 National Basketball Association，美国职业男子篮球协会，简称"美职篮"，通常也指该协会主办的美国男子篮球职业联赛。NBA 是世界上水平最高的篮球联赛、美国四大职业体育联赛之一，在全球尤其是在中国有着广泛的影响力。中国第一次播放 NBA 片段是在 1982 年。此后，经过 NBA 终身总裁斯特恩和中央电视台等媒体的推动，尤其是王治郅、巴特尔、姚明、易建联、孙悦等加盟 NBA 之后，NBA 在中国变得家喻户晓。NBA 和篮球成为中美两国民众之间最大的共同点，为促进两国人民之间的交流和友谊发挥了重要的作用。

夏威夷武术中心

夏威夷武术中心（Hawaii Wushu Center）是夏威夷最大的中华武术基地，2005 年由前全国武术冠军张秀创办。夏威夷武术中心是一个非营利机构，致力于弘扬中华武术及相关中华文化及传统，为满足当地民众，尤其是青少年学习中华武术的需求做出了巨大贡献。中心拥有数百名会员，其中大部分为非华裔人士，每年新增学员数百人，包括许多中小学生。夏威夷武术中心经常邀请中美两国著名武术家和武术团体到夏威夷授课、表演，促进中美武术交流。此外，中心每年在各种场合和场所表演数十次，并每年为夏威夷美国高中生中文夏令营授课，深受欢迎。

中心网址：www.hawaiiwushucenter.org。

▶▶ 思考与启示

　　体育在中美两国人民交流过程中发挥着独特的作用。通过体育，中美两国恢复了冰封 20 多年的正式交往；通过体育，两国人民进一步加深了理解和友谊。体育成为中美两国人民联系的重要纽带。中美体育交流的经验也给我们一些思考与启示。

　　首先，采取商业运作模式也许可以使体育交流更加有效。NBA 本质上是一个商业联盟，球迷就是 NBA 的市场，扩大影响、增加球迷数量就是拓展 NBA 的市场。NBA 进入中国的初衷也是为了商业利益，但客观上促进了两国民众的相互交流和了解，成为两国民众最大的共同兴趣。当然，中美其他体育协会可以考虑通过商业运作的方式扩大群众基础，促进两国在该项目上的交流。也许过不了多久，美国职业橄榄球和职业棒球联盟等会吸引越来越多的中国观众，而中国的传统体育如武术、乒乓球等也会得到越来越多美国人的喜爱。

　　第二，努力推动中华武术在美国的普及。武术不仅是中华文化的瑰宝，包含了天人合一、自强不息、内外兼修等中国传统文化特征，还能防身健体，因此深受人们喜爱。每逢中华武术在美国校园和社区表演，总会引起众多美国青少年的极大兴趣。武术巡演只是交流的一部分，但如果要真正做到交流的长期化和效果的最大化，必须吸引更多的美国青少年系统地学习武术，就像中国球迷喜爱 NBA 一样。这一方面要发挥美国当地武术中心的作用，另一方面还可以考虑如何让武术进入美国学校。最重要的也许是通过最有效的方式，展示中华武术在强身、防身方面的独特作用。

　　第三，乒乓外交打开了中美建交之门，但似乎没有进入美国家门和校门。可以考虑让乒乓球运动进入美国家庭、社区和学校。美国篮球水平之所以高，一个重要原因就是社区和学校球场多，甚至很多家庭都装有篮筐，就像乒乓球在中国一样。其实，美国普及乒乓球运动的条件更为优越。大部分美国人住房面积很大，家里完全可以放下乒乓球桌，社区和学校室内活动场所也大，但很少有乒乓球桌。主要原因也许不是美国人不喜欢乒乓球运动，而是大部分人还没有体会到乒乓球运动的乐趣和益处。关键问题是，如何向美国民众展示乒乓球运动的乐趣和益处。可以考虑通过赠送乒乓球运动器材，举行乒乓球表演、体验、擂台赛等形式，并进行适当的宣传。

第四，积极发展学校体育，推动学生体育交流。美国学校建立了各种体育运动队，学生可以根据自己的特长和爱好选择参加。中国学校也在进行这方面的尝试。中美学生体育交流的潜力巨大。学生对体育充满热情，体育交流还可以跨越语言的障碍，学生还可以在交流中彼此学习对方的一些语言，增进友谊。现在，中美围绕着青年与创新主题，重点开展青少年体育的交流与合作。双方决定通过不断创新，推动青少年广泛参与各项体育活动，不断提高青少年群体的健康和体质水平。这迈出了可喜的一步。

第七章

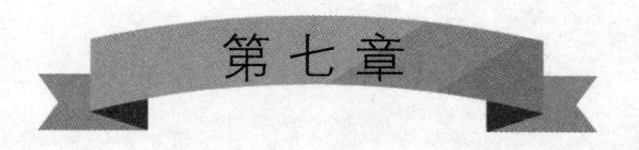

中美青年交流

青年时期是人生观和价值观形成的重要阶段，青年是未来世界的脊梁。中美两国青年之间加强沟通和对话，增进理解和信任，将为中美关系的长期稳定发展奠定稳固的社会基础和民意基础，并不断注入新的活力。中美人文交流高层磋商机制确定青年交流为两国人文交流的重要内容，两国青年是中美人文交流的积极参与者，是中美人文交流的生力军，是人文交流最活跃的组成部分。

大事记

1979年8月1日	中华全国青年联合会与美国青年政治领袖理事会建立正式交往关系。
1984年	里根总统访华，在复旦大学发表演讲，希望中美青年同舟共济，永远生活在友谊与和平之中。
1997年11月1日	江泽民主席访问美国，在哈佛大学发表演讲，希望中美两国青年在建设各自国家、促进世界和平与发展的事业中，加深了解，互相学习，增进友谊，为创造美好的未来而努力奋斗。
1998年	克林顿总统访华，在北京大学寄语中美两国的年轻一代迎接人类面临的共同挑战，共创一个光辉灿烂的新世纪。
2004年	亚太理事会美国高中学生游学中国项目启动，首次组织美国高中学生游学中国。
2006年4月	胡锦涛主席访问美国时，在耶鲁大学发表演讲，指出，青年交流是中美两国人民增进相互了解和友谊的重要桥梁，也是推动中美关系健康稳定发展的重要力量，希望中美两国青年携起手来，以实际行动促进中美两国人民友好，同世界各国人民一道，共创世界美好的明天。
2009年8月12日	中华全国青年联合会与美国青年政治领袖理事会建立交往关系30周年纪念活动在北京举行，同时举办了中美青年领导者专题论坛。

2009年11月	奥巴马总统访华期间特意安排与中国青年交流1小时,将年轻一代称为中美关系"最好的大使"。
2011年9月	中华全国青年联合会代表团一行访问美国,与美国国务院和财政部官员、国会议员以及青年代表进行了深入交流,全面了解美国政治、经济、社会等各领域发展状况,有效促进了双方青年和人民对对方国家的了解和认知。
2012年2月	习近平主席访问美国期间,参观了洛杉矶国际研究学习中心,与美国青年交流,希望他们立志做中美友好的使者。
2014年3月	美国第一夫人米歇尔访问中国,特别提到要跟中国的年轻人接触,并请美国年轻人关注。
2014年9月9—11日	中美青年高峰论坛在上海举行,60名中美优秀青年在3天内以民间外交的方式进行了交流与互动,取得丰硕成果,开启中美人文交流新篇章。
2014年12月17日	"知行中国"——完美世界中美青年精英项目(简称"知行中国"项目)在美国首都华盛顿正式启动,计划于未来10年邀请美国中青年精英来华研究、深入了解中国,为中美青年一代领军人物加强交流、巩固友谊拓展渠道。

引 言

> 2009年8月12日下午,北京饭店,中华全国青年联合会与美国青年政治领袖理事会建立交往关系30周年纪念活动现场

中华全国青年联合会(简称"全国青联")与美国青年政治领袖理事会(简称"美青理会")建立交往关系30周年纪念活动在北京饭店举行。美青理会代表团成员包括上世纪70年代以来不同时期的访华团员及美各界青年精英代表。在纪念招待会上,众多新老互访团成员相聚一堂,分外激动。萨拉·韦丁顿女士作为田纳西州第一位女性议员曾于1977年访华,当她再次与当年的陪同人员见面时,两人热泪盈眶、紧紧相拥;凯文·马尔维作为国际贸易专家曾于1994年访华,回国后对中国产生了浓厚的兴趣,先后10余次自费来中国旅游考察,最后干脆请求到友邦保险香港分部工作。回顾过去,大家纷纷表示,对有机会参加这样的互访项目深感幸运和自豪,对有机会亲身感受对方国家的真实面貌深感触动与难忘。

▶ 故　事

师友情　忆深深[①]

出生于 1990 年的屈耀佳,甜美、大方,洋溢着青春的气息,是一位典型的北京姑娘。2008 年,她以优异的成绩考上北京外国语大学中国语言文化学院。2012 年,她保送上了北京外国语大学中国语言文化学院研究生,专业为汉语国际教育。本科时期,非英语专业的她就通过英语专业八级考试。自身优异的成绩和素质、良好的教育背景,加上北京外国语大学这个独特的平台,屈耀佳注定会在中美人文交流中留下自己的足印。这不,在四年多的时间里,她为师、为友,不断与美国青年学生交流,在北京、檀香山、纽约、波士顿,与许多美国青年学子建立了深厚的友谊。

雷蒙德·颜(Raymond Yen)是美国宾州州立大学 07 级学生,2010 年 1 月到 5 月通过 IES(International Exchange School,国际交换学院,美国一个推动美国大学生到海外留学半年至一年的教育机构——笔者注)来到北京外国语大学留学。主办方为每位学生配备一位中国大学生做辅导老师。屈耀佳成为雷蒙德的辅导老师。2010 年 3 月的一天,他们第一次见面。做事认真的屈耀佳带着准备许久的材料和一颗忐忑的心,提前几分钟到了约定的地点。见到雷蒙德时,她提到嗓子眼儿的心放下了一半,雷蒙德很友善。接下来的一个小时,屈耀佳帮助雷蒙德解决了当天作业的难题。他们愉快地交谈,谈学校、谈学习、谈爱好,对彼此的基本情况已经有所了解。这是屈耀佳第一次接触到对外汉语这项工作,也就是因为这次见面,因为雷蒙德,屈

[①] 根据 2013—2014 年度夏威夷大学孔子学院志愿者屈耀佳提供的材料改写。

耀佳坚定了要做一名汉语教师的理想。在接下来的半年里,他们每周四次如期进行辅导工作,除了完成日常和学习相关的内容,耀佳还带雷蒙德去食堂吃饭,为他解释清明节、端午节,从此雷蒙德就记住了"屈老师"的"屈"是"屈原"的"屈",不是"歌曲"的"曲"。尽管耀佳老师有很多不能解释的难题,尽管有时她的英语有些词不达意,但雷蒙德的包容和理解让她知道了作为一名教师,扎实的基本功固然重要,对教育的热情以及对学生的爱却更为重要。随着他们交往的加深,屈耀佳会带着雷蒙德到处逛逛,颐和园、天坛、陶然亭等都留下了这对年轻人美好的身影。2013年8月和2014年6月,屈耀佳两次来到纽约,感受这个国际大都市特有的文化。在纽约,雷蒙德带耀佳参观大都会博物馆、时代广场、帝国大厦等,还一起听百老汇音乐剧。

艾尔·斯托勒(Ari Stoler)是美国罗切斯特大学09级学生,2012年6月至8月来到北京外国语大学 IES 项目交换留学。经过两年的锻炼,屈耀佳在辅导美国留学生汉语方面也有了比较丰富的经验,但是辅导艾尔却着实让耀佳费了一番心思。作为一名数学专业的高材生,艾尔的领悟能力超强,但是交流和表达的欲望却基本是零。看着艾尔学会的生词越来越多,但是会说的中文却不见什么长进,耀佳很替艾尔着急,但是耀佳知道艾尔需要的是时间。渐渐地,他们熟悉起来,艾尔也开始和耀佳聊起天来。耀佳说,那些天她最开心的事情莫过于艾尔对她的信任。记得有一次,他们在体育馆上课,耀佳带艾尔参观了学校的乒乓球馆。在电梯里,耀佳对艾尔说:"你最近好像变胖了。"说实话,在中国人的文化里,变胖就是变壮,也可以说是一种夸奖人的方式。但是,耀佳万万没有想到,正是因为这句话,接下来的一个月里艾尔开始拼命减肥,也是这句话,让他们第一次在文化的冲突和碰撞中更加了解彼此。尽管艾尔只是暑期班的学生,在中国的时间不过两个月左右,但是他们却在短短的两个月的时间里,结下了深厚的友谊。耀佳带艾尔吃好吃的宫保鸡丁和他最爱吃的茄盒。2013年8月,屈耀佳来到波士顿,老朋友又见面了。艾尔带着耀佳参观哈佛大学,给她看他曾经说过的那只会唱歌的小狗,还给她介绍波士顿红袜队和波士顿凯尔特人队,让她大长见识。

就在耀佳越来越熟悉"屈老师"这个称呼的时候,2013年6月底,她来到夏威夷大学孔子学院,做为期一年的汉语教学志愿者。在这里,耀佳首先在夏威夷大学孔子学院主办的美国高中生"星谈"中文沉浸式夏令营中以其特有的亲和力和出色的教学水平赢得了参加夏令营的全体美国高中生的喜爱。后来,她又组织中文角,吸引夏威夷大学和社区一群对汉语和中国文化感兴趣的美国青年。

还记得第一次中文角,他们一起坐在学校的草地上,每个人都用中文进行了自我介绍。"大家好,我的名字是克里斯。我是美国人,我现在是中文201的学生。我喜欢学习中文是因为我喜欢李安的电影。我去过中国的上海和北京。我最喜欢吃小笼包。"这一段自我介绍,耀佳现在仍记忆犹新。克里斯曾告诉耀佳,学习中文就是希望能够用中文与中国朋友交流,让他们知道自己的真心与诚意。克里斯基本上从未缺席过中文角的任何一次活动,并主动承担了中文角摄影师的工作,记录了这个群体活动的点点滴滴。

大卫是中文角的武术教头,自小对中国武术充满兴趣。他自愿教大家武术。作为一个土生土长的中国人,耀佳也是第一次在夏威夷才接受了较为完整的武术培训。在学校里的各个角落都有他们一起锻炼基本功的身影。

每周五他们都相聚在夏威夷大学孔子学院的办公室,从天南聊到海北,从北京的烤鸭聊到上海的小笼包。与其说是中文角活动,还不如说是一场中文朋友的聚会。在这里,没有所谓的老师和学生,在这里只有一群热爱中文的朋友,大家一起用中文交流彼此的思想与观念。随意地坐在地上,拿着还未喝完的咖啡,吃着还没吃完的午饭,细细地和耀佳老师讲着一周以来发生的各种趣事。

耀佳和中文朋友们的故事多到讲也讲不完。他们一起包饺子,一起准备汉语桥比赛。这群中文朋友总说感谢耀佳帮他们修改演讲稿,陪他们练才艺,但是他们不知道,在这个过程中,耀佳老师也收获了无数的快乐和感动。在异乡过的第一个春节,他们在一起庆祝,一起包饺子、吃火锅,那是耀佳最难忘的一个春节。

如今,耀佳和这群中文朋友们虽然天各一方,但是他们仍然保持着紧密的联系。耀佳说,很高兴遇到了他们,他们不仅把自己当成老师,更把自己当成可以畅所欲言的好友知己。"他们给我的微信和邮件是我收到过最好的礼物!"耀佳不无自豪地说。

屈耀佳等与美国青年一起庆祝中国春节

耀佳表示,雷蒙德、艾尔以及夏威夷大学孔子学院中文角的朋友,他们不仅仅是一个名字,也是她遇到过的最美丽的心灵,是她向着梦想前进的灯塔,是平日里脑中萦绕着的丝丝感动,是这一生发生在她身上最美的事。与他们相约的"再见"一定在不远的未来能够实现。

此行,此生难忘![①]

2013年6月,亚太理事会(Pacific & Asian Affairs Council)选派14名美国高中生探索当代中国文化、经济和政治方面的多样性。

丽莎是这14名美国高中生的一员,这次参加亚太理事会暑期中国游学团是她第一次来中国。"汤姆,你的充电器给我用一下,我的手机快没电了。"丽莎焦急地说。对于这片东方神奇的土地,16岁的丽莎充满了各种好奇,从一下飞机她就拍这拍那,很快就把手机的电用完了,这会儿正着急地

---

① 根据亚太理事会网站素材编写。

向她的美国朋友借充电器。

今天,活动主办方亚太理事会安排大家到西安旁边的党家村住一晚。在去往党家村的路上,学生们在离西安大约两小时路程的新城四中停下来。"玛丽,快看,这上面写的是什么?"快到校门口的时候,丽莎发现了红色的横幅,于是迫不及待地问已经学习了两年中文的同学玛丽。"欢迎2013亚太理事会暑期中国游学团。""哦,他们在欢迎我们啊!"初次相见,他们粗粗感受了中国的"礼"。尽管有点语言障碍,但两国同学们通过乒乓球、书法和表演进行互动。丽莎和她的同学表演草裙舞的时候,中国学生们也和着节拍,有节奏地用手"伴奏"。此后,美国学生们进入不同教室,体验典型的中国教学氛围。

这是丽莎第一次到中国乡村的学校访问。中国的学生很热情,有礼貌,虽然语言不通,略显腼腆,但和他们一样喜爱音乐和体育运动。他们的课堂很安静,学生们坐得整整齐齐,认真听讲,做笔记,这和美国的课堂不同。

"咚咚锵,咚咚咚锵——"一进党家村,丽莎和她的同学们就被热烈的鼓点声所吸引。循声望去,在党家村村委会大院里,一群身系红色腰鼓的女村民正表演着陕北腰鼓,以最传统的方式欢迎远方客人的到来。听着激越的鼓点,看着翻飞的红色鼓槌,丽莎和团员们不禁合着节拍晃动起来,原来,在中国也有如此神奇和富有感染力的打击乐!

参观完村庄后,团员们两人一组,被分别安排在农户家里。丽莎和玛丽很幸运地被安排在一个有窑洞的农户家里。晚饭的时间到了,她们和女主人学习了包饺子,还品尝了和薯条口感相似的陕北特色小吃洋芋擦擦。晚上,丽莎和玛丽躺在硬而凉爽的炕上,聊起了这次游学中国的感受:

"这次旅行绝对超出了我的所有期待……我学会了欣赏其他文化和生活方式。媒体描写的生活与实际相差很大。以前我认为中国是个死气沉沉、封闭的国家,但实际上,就像美国一样,中国充满活力,人民对生活感到幸福、满意。亲眼看到中国,与我所预计的根本不一样。"

"是啊,起初,我认为中国是个不文明、不干净的国家,不尊重自己的国民和游客,但这次游学经历打开了我的眼界。生活在中国的人民与世界其他地方的人很类似,都是尽力过自己的生活,养家糊口。如此看来,中国和美国并没有那么大的差别……"

从党家村回到西安,丽莎和她的同学们参观了兵马俑、大雁塔、陕西历史博物馆等历史古迹和博物场馆,并访问了西安浐灞国际青少年活动中心。在交流活动中,喜爱中国书法的玛丽在老师的指导下,练习了"永"字八法,丽莎则和表演安塞腰鼓的中国青年学起了打腰鼓。一天的行程,充实而生动,让游学团的成员更直接地感知了中国文化的博大精深和魅力。

晚上回到酒店,丽莎和玛丽开始了每晚的"必修课"——写游学日志:

"中国的文化真是博大精深,我们今天游览了兵马俑,参观了陕西历史博物馆,就能感受到中国历史和文化的气息了……这次旅行有助于我深入发掘中国,而不仅仅停留在表面……能够走进中国的城市与乡村,体验普通中国人的生活,与中国的青年面对面交流,目睹一切,使所有的抽象细节更加真实可信。"

"这次旅行确实改变了我的世界观。我以前对历史从来不感兴趣,通过这次旅行我学到很多东西。有些历史景点我以前都没听说过,如兵马俑、大雁塔……我碰到的当地人也真的非常友好、合群。尽管这只是第一天游览西安,我却有点像在家的感觉。"

参加亚太理事会游学中国项目的美国学生在天安门前留影

(图片来源:亚太理事会官方网站)

从北京到南京,转成都,再到西安,丽莎和同伴们的中国游学之旅即将结束。在短短的十天里,他们游览了故宫、明皇陵、杜甫草堂、兵马俑等名胜古迹,逛了北京的胡同、南京的夫子庙,品尝了成都和西安的特色小吃,访问了中国城市和乡村的学校、青少年活动中心,还在陕北的农家体验了地道的陕北农村生活。他们用自己的眼睛感知着中国古老的历史、悠久的文化,也通过参与各种访问活动,加深了对当代中国社会、文化的了解。

在回国前的最后一篇游学日志中,丽莎写下了这次游学中国的发现和体会:"中国有句话叫'百闻不如一见',这次来中国,我的眼睛看到了一个真实的,和美国有相同之处,又有不同之处的中国。中国人的热情和友善,让我有在家的感觉;中国名胜古迹的精美绝伦,让我惊叹;中国美食的美妙滋味,让人回味无穷……

"最让我惊讶的是这次认识的中国青年:城市的青年十分现代,说起互联网、NBA、好莱坞大片,我们之间有很多共同话题,用英语交流也没什么障碍,到了秀才艺的时候,书法、太极、戏曲、茶艺……又是完全传承着他们民族文化的精华;农村的青年十分淳朴,虽然语言不通,但是在文体活动中,他们总是十分热情而有礼貌。

"以前,我所了解的都是书本上、网络上的中国,对这个东方国家既好奇,也有一些成见。这次到中国来,我走进了城市、农村,学校、博物馆,参加了文化交流活动和商务会议,和中国的'陪同'伙伴进行了深入的交流,既见识了中华文化的博大精深,也目睹了中国的经济发展与社会进步,特别是热情友善的中国人,在哪里都能看到他们灿烂的笑容。回去以后,我有很多真实的中国故事,可以和家人和朋友们分享了。中国,有机会我还会再来。"

通过此行,美国学生认识了一个真实的中国。对于新城四中许多学生来说,这是第一次看见外国人,也是美国代表团第一次访问该校。这样的交流一定会成为新城四中学生们终生难忘的经历,也可能对他们的人生产生重大改变。

体验美式教育　　寄居美国家庭[①]

美国教育如何？美国家长怎样？到美国游学的中国青年特别希望走进美国课堂，深入美国家庭，体验一下美国课堂氛围是否真的那么轻松活跃，学生是否真的可以在学校和家里随心所欲。参加过中美青年大使项目的张志翔同学说："美国的课程比我想象中更加开放、有活力，学生没有固定的教室和位置，不是在教室等老师来上课，而是根据所选的课，跑到不同教室听课。学生上课以提问讨论为主，互动性很强，老师还会设计有趣的活动调动大家的兴趣。学生作业一般在学校完成，回家有丰富多彩的课余活动，比如和朋友一起打篮球、玩保龄球等。"另一位青年大使钱璟这样写道："课堂上是悠闲的，不听可以玩 iPad、iPhone，前提是你早已预习。你可以靠在沙发上，可以斜靠在椅子上，可是没有谁的精神是游离的，学生会突然放下 iPad 问一个问题……中午茶余饭后，学生会大大方方和老师坐在一起，东扯西扯，然后就扯到明天上课的话题，一时间你一言我一语好不热闹，感觉整个教室顿时就活了起来。美国高中和大学学生自立性非常强，需要应对学业、体育、课外活动、社会工作等的多重压力，学习的压力绝不亚于中国高中生和大学生，但他们基本都能兼顾。"

美国家庭比较随意，中国青年大使们深有体会。虽然有过短暂的中国式拘谨，但很快便与美国家人每天围在客厅里谈天说地，分享一天所见所感，其乐融融。美国家庭把寄居的中国青少年当成家人，带他们参加各种家庭活动，参加朋友聚会和其他社交活动，让中国青少年体验美国生活的方方面面。短短的相处时间使中国青少年与寄宿家庭已亲密无间，他们一起泼墨烹茶，做糕点，做比萨饼，打篮球，话家常。寄居生活既使中国青年大使们传播了中国文化，又使他们了解了当地风情，体验了传统美国人的生活习

[①] 根据中美青年大使项目网站内容编写。

惯,更感受到"拥有兄弟姐妹的感觉是如此的温暖"!

　　一个周末,张志翔寄居的"伙伴家庭"的爸爸妈妈邀请了孩子们的朋友来家里参加周末聚会。为了让聚会更精彩,张志翔邀请了同行的几位青年大使,打算向美国朋友们展示中国的传统文化和美食。迈克的妈妈和姐姐琳达为大家准备了美式点心和各种饮料,迈克的爸爸和迈克、张志翔则忙着招呼陆续到来的客人。

中美青年学生一起欢度中国新年

　　在动感的说唱音乐中,聚会开始了,中美两国的男孩女孩们,纷纷秀出了自己的拿手好戏:来自紫砂壶之乡江苏宜兴的宗姝杞和徐洛凡为大家表演了中国茶道,请大家品尝了正宗的西湖龙井。来自黄梅戏之乡的吴良玉则表演了黄梅戏《女驸马》,婉转悠扬的唱腔赢得了大家的阵阵掌声。邱晨冉的葫芦丝独奏、吴亦凡的二胡独奏让美国朋友领略了中国名乐的独特韵律。迈克和他的朋友们则分别表演了花式篮球、说唱、街舞等美国青年喜爱的文体活动。由于张志翔他们来访的这段时间刚好是中国传统节日——春节,于是中国的学生带来了笔和纸,与美国朋友们一起写春联,剪窗花,让大家感受中国的民俗。晚餐上,既有大家一起包的饺子,也有比萨饼、烤火鸡,中西特色美食让孩子们大饱口福,也在交流中更了解彼此的饮食、生活习惯及传统文化。

参加青年大使项目的张志翔和他的同学们就要启程回国了。在短短半个月的时间里，张志翔和所有团员深入美国的中学，入住美国学校安排的"伙伴"家庭，与美国当地学生共同生活、共同课堂学习、共同参加社会实践活动，并探访了美国历史、文化和政治的发源地，以了解美国文化和历史渊源，寻找中美发展的共同点，进行了一系列的文化教育交流。一次次思想的交流与碰撞、感情的交融与互动，难忘的一幕幕如在目前。

　　此行最大的收获有哪些呢？一位参加中国青年大使活动的青年这样写道："此行收获很多，走进美国课堂、了解风土人情，结识了很多朋友，传播了中国文化，这是一趟值得纪念的旅程。"青年大使活动一位领队说："切身体验美国高中，参与学校活动，深感课程设置丰富，高科技应用频繁，师生关系平等，师生自主性很强，强调自我认同感、领导力等，这些正是培养社会精英人才的美国一流私立学校的突出特点，也是中国式学校教育需加强的。美国人对当代中国的方方面面都饶有兴趣，我们走进美国寄宿家庭，传递中国特色文化，并了解了美国人的生活习惯，他们对中国师生的热情款待让我们感动，希望以后有更多机会交流。"另一位中国学生这样写道："实话实说，我是带着偏见来到这片土地的。曾认为这里虚伪，冷漠，利欲熏心，暴力横行。不过，我错了。表面冷酷的黑人，会在你的一声招呼后露出一口灿烂微笑的白牙，让你不由得也开怀。我在偌大的商场中寻找《指环王》的碟片，店员无比热情地迎上来，找不到就到电脑上查，然后再帮我一个货架一个货架地找，最后实在找不到，就告诉我去其他连锁店查询，找到了就这几天送过来。我说我马上就要回国了，她一脸的内疚，好像是给我添了多大的麻烦似的，反而让我觉得过意不去了。好吧，你们可以说这是虚伪或者是个例，可是越来越多的这种现象让我想骗自己都不行了，事实在此，早已证明，无须我多言。"

　　走进美国课堂、了解风土人情，结识了很多朋友，传播了中国文化，值得记忆的人和事真的很多，但是令张志翔印象最深的是美国青年人的自立和美式家庭的宽松氛围。当然，交到迈克这个有共同爱好的好朋友，是另一大收获。临别时刻，张志翔和迈克击掌相约："明年暑假，北京见！"对张志翔描述的中国，迈克心驰神往。在那里，将是另一段充满了友谊和交流的发现之旅。

▶ 相关链接

中华全国青年联合会与美国青年政治领袖理事会

中华全国青年联合会(简称"全国青联")成立于1949年5月4日,是以中国共产主义青年团为核心力量的各青年团体的联合组织,联合了全国各界各民族的青年才俊,其基本任务之一是发展同世界各国青年的联系和友谊。

美国青年政治领袖理事会(简称"美青理会")始创于1966年,是一个跨越美国共和、民主两党的政治性青年组织,成员多为美国政治、经济界有一定影响和发展潜力的青年领导人。

1979年中美建交,全国青联与美青理会建立正式交往关系。此后,全国青联与美青理会的交流与合作从未间断。截至2012年底,双方已完成62批近620人次的互访交流,其中许多代表都已经成为中美社会各领域的领军人物。

中美两国青年交流主要项目

中美两国建交以来,尤其是中美人文交流高层磋商机制建立以来,两国相关机构通过各种渠道开展多种项目,促进中美青年之间的交流与合作。主要项目有:中美青年大使项目、中美杰出青年培训项目、青年领导者交流计划、中美青年政治家交流、中美青年科技人员交流计划、中美青年气候交流、中美环境正义青年交流、亚太理事会美国高中学生游学中国项目等。

中美青年大使项目

中美青年大使项目(英文全称:Sino-American Youth Ambassadors Program,

简称SAYA)是由美国安生文教交流基金会与美国教育部、美国加利福尼亚等地教育局及教育主管部门联合开展的高端文化交流项目,旨在培养促进两国文化交流的优秀青年。项目遴选对象为中国12—18岁的优秀学生,利用中国学生寒假期间,深入美国中学,与当地学生共同生活、学习及参加社会实践活动,并探访美国历史、文化和政治的发源地,以了解美国历史,并展示中国青年的风貌,传播中国文化。

亚太理事会美国高中学生游学中国项目

亚太理事会致力于拓展美国大学和高中学生的国际视野,尤其重视美国学生与亚太国家的交流与合作,曾于2004、2008、2013年三次组织美国高中学生游学中国。亚太理事会选拔游学中国学生的标准较为严格,指定学生阅读有关当代中国的书籍,行前对学生进行为期一周的培训,让学生学习中文以及中国历史、文化、经济等方面知识。亚太理事会暑期中国游学的行程设计就是要让学生了解中国的概要,使他们体验中国的方方面面,包括历史、当代、城市、农村等。中国之行建立的友谊以及与中国建立的个人联系给学生们留下了深刻的印象。

▶▶ 思考与启示

对中美青年的交流进行一番梳理,我们不难得出一些思考与启示。

第一,中美青年之间的交流与互访对他们的视野拓展、世界观的形成乃至职业和人生道路等影响巨大。许多青年正是通过交流互访探索了对方的历史、社会和文化,加深了对彼此国家和人民的认识,改变了他们的一些偏见,建立了友谊。不少青年愿意到对方国家继续求学,开创自己的事业。如此,中美青年的交流将不仅仅改变青年人本身,也将改变他们的家庭、朋友乃至后代。

第二,中美青年的交流需要民间力量的积极参与。虽然官方的支持和参与很重要,但没有民间力量的参与,中美青年之间的交流就会非常有限。中美青年交流的许多项目都是由民间力量发起组织的,其中,非营利机构发挥核心作用,如安生基金会、亚太理事会等。非营利机构以促进中美青年的交流与合作为目的,运作规范。

第三,参与交流的中国青年以大中城市为主,小城市和农村、边远地区的青年很少有机会参与中美青年交流。然而,参加中美青年交流对于小城市、农村和边远地区的青年影响更大。国家、社会力量等应多为小城市、农村和边远地区的青少年提供交流机会,可以像美国那样由基金会、非营利机构等为这些地区的青少年提供赴美交流奖学金。

第四,美国青少年到中国访问交流的机会多于中国青少年到美国访问交流的机会。美国有许多非营利机构、基金会等组织青少年学生赴海外访问交流,家庭有困难的可以申请奖学金,美国青少年只要想到中国来,基本上都可以成行,家长承担的费用不高。中国青少年到美国交流访问基本上是商业行为,虽然有的赴美交流项目是由学校等非营利机构组织,但基本没有奖学金。赴美交流主要是中国富裕家庭子女的选择。

第五,虽然美国青少年到中国访问交流的机会多于中国青少年,但整体上中美青年之间的交流存在不平衡性,到中国访问交流的美国学生数量远远少于到美国访问交流的中国学生数量。这种不平衡性在留学生数量方面表现得更为明显。改革开放以来,中国赴美留学生不断增加,如今,在美国留学的中国学生近30万人,而美国青年到中国留学的人数虽然增加很快,但仍然不成比例,离"10万强"的目标还相差很远。而且,一般而言,中国青年对美国的了解,远远超出美国青年对中国的了解。这种不对称现象,可能影响两国青年之间思想的真正交流。

第六,中美青年交流的方式也需要与时俱进,跟上时代和科技的步伐,我们要以青年为对象、采用新技术与组织平台开展中美青年的交流活动。在美国,"网络一代"已经出头露面,在中国,"80后"、"90后"已经登上舞台,正在开启属于他们的时代。而美中关系要向前发展,最重要的是两国青年能够相互沟通,相互理解。可考虑充分利用新一代平台,即利用社交和数字媒体形成中美交流网络;开发新一代项目,即利用非传统形式的交流发展引人注目的合作项目。

中美青年交流潜力无穷!

第八章

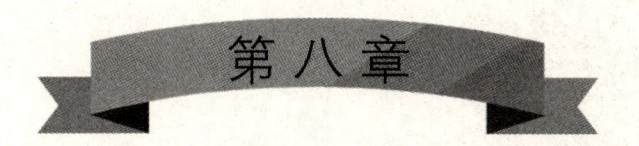

孔子学院
——中美人文交流的综合平台

2014年9月27日,在全球孔子学院建立十周年暨首个全球"孔子学院日"来临之际,100多个国家和地区400多所大学校长、院长和机构发来贺信,表达对孔子学院的支持和祝贺。国家主席习近平和国务院总理李克强也致信表示热烈祝贺。习近平在信中表示,10年来,孔子学院积极开展汉语教学和文化交流活动,为推动世界各国文明交流互鉴、增进中国人民与各国人民相互了解和友谊发挥了重要作用,这是一项十分有意义的工作。孔子学院属于中国,也属于世界。美国哈佛大学教授、"软实力"理论首倡者约瑟夫·奈说:"孔子学院是中国展示软实力的一个重要工具,它们有助于加深对中国文化的理解。"美国第一所建立孔子学院的马里兰大学校长陆道揆说,孔子学院已成为中美教育与文化交流的成功平台,极大促进了美国民众、尤其是年轻人对中国语言和文化的了解。夏威夷大学孔子学院美方院长任友梅教授在《人民日报》发表署名文章《我们的工作充满激情》,指出,美国100多所孔子学院秉持推广汉语教学、传播中国文化、开展教育交流的使命,推动中国文化的多元传播。可以毫不夸张地说,孔子学院已经成为中美人文交流的综合平台。

大事记

2004年3月	美国第一所孔子学院——马里兰大学孔子学院成立。
2007年	"汉语桥"美国高中生访华夏令营启动，迄今为止已有近6000名美国高中生参加。
2008年4月	第一届全美中文大会在华盛顿举行，此后每年举办一次，由亚洲协会、大学理事会和孔子学院总部联合主办。
2009年4月16日	国务委员刘延东在美国宣布中国支持美国中文教育的三个"800"举措。
2010年2月	美国俄勒冈州通过议案，成为美国第一个通过立法推动汉语教学进入中小学课堂的州。
2011年1月21日	中国国家主席胡锦涛参观芝加哥佩顿中学孔子学院，向世界传达了一种诚意：中国愿意与各国展开广泛合作，推动不同文明的对话和交融，共建一个和谐世界。
2011年	中方宣布"汉语桥"万人来华研修项目，这是"三个一万"项目的一部分，与美国政府"十万强计划"一样，旨在推动中美教育文化交流。
2012年5月	美国国务院发布"5·17指令"，要求在美国中小学任教的孔子学院中方汉语教师和志愿者限期离境，并要求孔子学院"认证"，遭到美国各孔子学院及所在大学的反对。在各方努力之下，美国国务院修改指令，取消了以上要求。

2012年	孔子新汉学计划开启，有利于推动包括美国在内的海外中国研究。
2013年7月10日	《光明日报》发表夏威夷大学孔子学院中方院长李期铿教授署名文章《孔子学院的公共外交使命》。
2013年9月	首届美国孔子学院联席会议在西肯塔基大学举行，肯塔基州联邦参议员等政要参加。
2014年3月4日	美国第一夫人米歇尔·奥巴马访问华盛顿育英学校孔子课堂。
2014年9月27日	国家主席习近平、国务院总理李克强分别致信祝贺全球孔子学院成立十周年暨首个全球"孔子学院日"，国务院副总理、孔子学院总部理事会主席刘延东出席庆祝活动并致辞。
2014年	美国各孔子学院举办各种活动，庆祝孔子学院成立十周年。
2014年	截至2014年美国共建立100多所孔子学院，占全球数量的20%以上。
2014年9月28日	《人民日报》发表夏威夷大学孔子学院美方院长任友梅教授署名文章《我们的工作充满激情》。
2015年1月	孔子学院总部总干事许琳女士被美国《外交政策》杂志评选为"影响未来中美关系50人"。

▶ 引 言

2014年9月27日，夏威夷阿拉莫阿纳商业中心中央舞台，"孔子日"庆祝活动现场

❦

活力四射的舞狮表演，辅以劲爆的音乐，开启了夏威夷大学孔子学院庆祝"孔子日"中华文化汇演的序幕。接着，夏威夷武术中心的师生和夏威夷大学孔子学院武术志愿者纷纷展示自己的绝活，太极、八卦掌、螳螂拳等一招一式令观众连连称奇。马里诺中学学生的中文合唱《好天气》《大海啊故乡》以及舞蹈《健康歌》等令人耳目一新。2014年4月在夏威夷大学孔子学院举办的中文演讲比赛中获得初中非华裔组第一名的马里诺中学学生俊介的中文演讲《我为什么热爱中文学习》征服了观众。当地著名书画家刘定权先生的书画表演令人叹为观止。此外，中国传统民乐古筝和二胡表演、民族舞蹈表演等都精彩纷呈，令人陶醉。这场内容丰富、多姿多彩、动静结合的文化表演，充分展现了中华文化的丰富内涵和博大精深，吸引了数千名当地观众和游客，当地电视台进行了报道。

▶ 故　事

我的"洋父洋母"
——王琼与盖瑞、凯瑟琳的故事[1]

2010年8月,王琼作为中美教师交换项目的参与者来到俄克拉荷马州的庞克城(Ponca City),进行为期一年的中文及中国文化教学工作。庞克城是一个总人口仅仅2.5万的小城市,幽静美丽。这里生态环境极好,不时可以在青青的草地上看见火鸡、鹿、松鼠等动物。由于这是美国中部的一个相对偏僻的城市,这里的人们对中国的了解总体来说不太多,王琼也是来到这个城市的第一位中文老师。作为教师交换项目的参与者、一名老师以及一名普通的中国百姓,在庞克城工作生活的一年,她明显感到中美两国学生、老师和普通的百姓对相互了解的迫切渴望;对中美两国在教育、文化及普通生活等多方面的误解亟须消除。学生们希望了解中美两国各自学生的学习生活情况,普通百姓希望了解中美两国普通百姓的工作生活状态。因此,在美期间,王琼一方面努力适应美国的教学,尽最大努力完成教授中国语言及文化的工作任务,另一方面也利用一切可能的机会做两件事:一是抓紧了解美国文化和社会生活,学习美国教育中的长处;二是抓紧传播中国文化,告诉人们真实的中国,以消除误解,增进友谊,做好中美两国的桥梁。

教学方面,王琼通过听其他同事的课、与学生交谈及平时观察,及早了

---

[1] 在2012年全美中文大会开幕式上,国家汉办主任、孔子学院总部总干事许琳女士做主旨发言。在简洁的开场白之后,许主任向大家介绍了王琼老师。王琼老师讲述的故事感动了在场的每一个人,她的经历值得分享给更多的人。笔者后来通过汉办联系王琼老师,请她把这段经历写出来,作为本书的一则故事,笔者仅在文字和标点上稍作修改。衷心感谢四川绵阳南山中学王琼老师提供文字和照片,也感谢汉办提供的帮助。

解美国学生的特点,调整自己的教学内容和方法。和中国的课堂不同的是,美国的学生对记忆性的学习不感兴趣,他们喜欢动手学习,喜欢在游戏中学习,喜欢有情景的学习。根据美国学生的这些特点,王琼注意收集关于中国文化的文章和影像资料,让学生不仅学习汉字,也感受中国人民的日常生活;给学生们展示中国国内学生们上课的图片,给他们看中国学生做眼保健操及课间操的视频,并教他们如何做眼保健操和课间操,让他们真切地体验中国学生的在校学习、锻炼情况。遇到中国的节日,如春节,她给孩子们讲关于中国春节的习俗,教孩子们做春字的剪纸、做水饺、用红纸做红灯笼,教孩子们写春联,并用他们的作品及手工制品来装饰教室和学校,给大家营造中国过年的气氛;同时也给他们讲中国过年给孩子们发红包的习俗并真的给孩子们发红包,互道恭喜发财;给他们讲中国春节前的大扫除,等等。王琼还举办中国日活动,介绍中国的长城、2008 年北京奥运会、上海世博会、中国书法、中国功夫、京剧、中国戏曲,还有国内常见的运动项目乒乓球,等等,让美国的学生家长及朋友们更多地了解中国。

王琼和美国当地学生们在一起

同时,王琼也尽可能地参与美国当地的各种活动,尽量多地了解美国生活。她受邀参加学校的家长联合会会议,听美国的家长们如何参与学校的管理,同时也介绍她所了解到的中国的家长是如何协调帮助学校与学生,学校和家长间形成合力共同教育好学生的;她参加扶轮社的活动,了解这个组织的情况,介绍她所了解的中国类似的团体活动等;到庞克城临近的城市纽柯克参加当地小学生们的夏令营,欣赏高中乐团的演出,参加戏剧社的演出,观看橄榄球队、篮球队、足球队的比赛,参加高中毕业典礼,参加住家教堂的礼拜活动,加入他们的《圣经》学习小组等,尽可能地利用一切可能的机会多方面多角度地了解真实的美国学生及人们的生活现状,以便回国后能把了解到的情况告诉周围的人们。

在一来一往给美国的学生们、朋友们介绍中国和中国文化及参加他们的各种活动,了解美国及美国文化的过程中,王琼对美国的学生、同事、住家等所接触的美国当地人加深了了解,也和他们成了要好的朋友。这里的朋友们对她的友好让她倍觉温暖。其中最让王琼难忘的是盖瑞(Gary)和凯瑟琳(Kathryn)夫妇,而他们的缘分则来自当地教育局对王琼的关爱。为了让王琼体验真正美国家庭的生活,庞克城教育局在地方报纸上打出给她找住家的广告,让有意当她住家的人家到教育局报名。盖瑞夫妇看见后联系了教育局。根据她的情况,当地教育局选择了他们作为王琼的住家。庞克城教育局的贴心考虑及盖瑞夫妇的热情关爱,让她在庞克城度过了无比美好的一年。在2008年的大地震中,王琼痛失自己的父母。然而在这异国他乡,她却得到了父母般的关爱和照顾,真的让她感动不已。每天,凯瑟琳会像妈妈一样变换着花样给王琼准备早餐、晚餐。知道她喜欢喝酸奶后,更是总记得买了酸奶放冰箱里让她可以随时享用。知道她想了解他们教堂的友谊供餐活动后,他们专门向朋友说明她的情况,让她到教堂做志愿者,给那些无家可归的人端饭送水,了解当地人的生活。一旦王琼对中美文化习俗等方面有了任何的疑问,盖瑞总是耐心细致地予以解答。他们家的厨房,既是与王琼共同用餐的地方,也是与王琼交流的一个很好的场所。他们对中国的更多了解及王琼对他们文化生活习俗的更多了解都是在那里进行的。每到周末,他们还带王琼一起外出就餐、购物,并给她介绍新的朋友。稍微长一点的秋假、春假等,他们就带着王琼回到他们的老家密苏里州农场,告诉她他们小时候的生活,参观他们从小就去的教堂,了解他们从前在农场的生活。并带着她去拜访他们所有居住在密苏里州的亲戚,让她了解不同行业美国人的各种生活,也让她有了更多的机会告诉他们她所知道的中国的情况以及她在中国的生活,等等。给王琼印象最深刻的是盖瑞和凯瑟琳还带她拜访了他们的"发小",给了她好多的想象空间,遥想他们小时候和玩伴一起玩耍的场景。他们俩当时已经64岁的老人,想象着他们儿时的场景,真的让人觉得既有趣也特别感慨。王琼的一位在诺曼城教中文的朋友来到他们家拜访她时,他们也是特别热情地接待。带领她们参观庞克城所有有重要意义的地方,带领她们到美国本地人特别喜欢的娱乐中心布兰讯去看各种表演。王琼一学年的工作结束后,他们又带着她到水牛河上划船漂流,到盖瑞的大学参观,到最大的私人博物馆参观,等等。王琼能真切地感受到,他们真的是把她当成自己的女儿一样对待。王琼闭上眼睛稍微一想,就会出现更多温馨的场景:"寒冷的冬天,凯瑟琳早早给我打开带有暖气的房间,被凯瑟琳洗过带着清香的被子;圣诞节那些暖心的礼物;我生病时他俩焦急的眼神,陪我看病后放松的表情;盖瑞带病帮我修车的场景;我外出归来黄昏时分盖瑞开车从老远赶到机场来接我的情景……"在庞克城工作的这一年,是他们给王琼的爱,让她过得很开心,也让她摆脱了因思念离去父母而伤心的诸多时刻。他们对王琼的这种情她将终生铭记。回国后,哪怕远隔万水千山,他们也依然保持着密切的联系,通过电子邮件、网络电话等方式继续着他们之间的友谊,继续着她和盖瑞、凯瑟琳之间这种父母儿女般的感情。

盖瑞、凯瑟琳与王琼在绵阳南山中学大门前合影

2012年4月在华盛顿举行的全美汉语大会时,盖瑞和凯瑟琳赶到华盛顿与王琼相见,那是一个多么激动人心的时刻!时隔不到一年,但是感觉好

像已经分开了好久好久。在华盛顿的那几天,他们一起参观国家大教堂、国家博物馆,感觉又回到了过去的美好时光。美好的时光总是短暂的,这难得的机会,这难得的重逢,这难得的"母爱与父爱"就这样结束了,心里有说不出的难过与伤心,这真是相见时难别亦难。

但是太平洋并没有隔断他们的联系,回国后,他们继续着相互的牵挂和思念。每年圣诞节前后,他们都会给王琼发来全家福照片及圣诞贺信,详细介绍在过去一年发生在他们家的重大事件及取得的成就,充满感恩之情。通过 Skype 的视频聊天,他们也知道王琼家里发生的每一件事。他们总是憧憬着下次再见面的美好场景,随时提醒对方一旦有可能就早做安排,相互到家中拜访。2014 年 7 月 11 日,王琼在成都双流机场接到了他们。时隔两年后再次相见,他们紧紧地拥抱在一起,激动得一句话也说不出来。所有想要说的话都在这拥抱的力量中相互感受到了。回到绵阳家中以后,王琼以绵阳人特有的好客方式带领他们品尝当地特色美食,游览绵阳秀美风景,并且参观了她工作的绵阳南山中学,了解她的工作、生活环境。

在王琼老家北川的聚会

之后王琼又带领他们前往四川最著名的景点九寨沟,让他们领略九寨沟神奇独特的自然美景。随后他们回到王琼北川的老家,让他们了解王琼从小生活、成长的地方。到家后,王琼嫂子以北川人特有的热情好客方式招待他们。饭后,带领他们拜访周围的亲戚邻居,再次让他们感受到北川人的热情好客。

从北川回到绵阳稍作休息后,王琼陪他们动身前往北京,参观长城、颐和园、故宫、天坛、天安门等著名旅游景点,品尝北京美食并感受厚重的北京文化。他们也接受国家汉办及孔子学院的邀请,参观了国家汉办及孔子学院总部的民俗文化体验馆,感受了中国博大精深的历史文化。之后又游览了南京、上海、黄山。一路上他们相互照顾,整个旅行愉快而温馨。王琼的儿子一路上总是甜甜地叫着爷爷奶奶,就像叫自己的爷爷奶奶一样。

快乐的时光总是短暂的,转眼间他们这次的中国之行就结束了。当在上海浦东机场告别的时刻到来时,他们都是那么的恋恋不舍,总希望时间能就此停住。但王琼相信,有了他们之间这种深厚的感情,距离不会是问题。他们一定会再相见的!

"谢谢你给我的爱"
——激情校长的中国情[①]

"谢谢你给我的爱……"这是一位美国大学校长发自内心的歌唱,也是他最早学会的一句中文歌词。

在第八届孔子学院大会开幕式上,美国中田纳西州立大学校长西德尼·麦克菲作为嘉宾致辞,他以这句歌词作为结束。这个"你",指的是中国,指的是中国人民,指的是孔子学院。

笔者初识麦克菲校长,是2013年9月在美国西肯塔基大学举行的美国孔子学院首届联会上。当时,麦克菲先生作为嘉宾在开幕式上发言。他充满激情地讲述了他在中国的经历,孔子学院对他的大学、社区和他本人的帮助等,给人留下了深刻印象。开幕式过后,笔者特意找到麦克菲校长,他热情地递给笔者一张名片,并与笔者聊起了他理解的大学发展思路——面向

[①] 部分内容参考麦克菲校长在第八届孔子学院大会开幕式上的演讲。

未来、面向世界。高等教育机构有责任帮助我们的学生,让他们更加具有全球竞争力、国际视野以及对其他民族文化的尊重。他常常向学生强调,"现在的世界是一个没有边界的世界",并认为,中国是 21 世纪最重要的国家之一。正是基于这样的信念,他加强与中国交流与合作,鼎力支持孔子学院。自 2001 年当选中田纳西州立大学校长以来,他一直致力于加强大学的国际化,提高大学国际学生的数量,拓展学生海外学习和文化交流机会,开展国际科研合作。近年来,中田纳西州立大学与中国传媒大学、中国农业大学、湖南师范大学、广西大学、杭州师范大学、西北师范大学、北方工业大学、兰州城市学院、湘南学院等国内高校建立了稳定的校际合作关系,并多次访问这些学校。2007 年,麦克菲校长被聘为中国农业大学荣誉教授,2010 年被聘为孔子学院总部高级顾问。麦克菲先生当选中田纳西州立大学校长至今已经 14 年,这在美国并不多见,足以证明他的能力和视野。

麦克菲校长访问西北师范大学期间与学生交流

麦克菲先生对中国怀有深厚的感情。他在第八届孔子学院开幕式上说:"当我 14 年前第一次来到中国这个无与伦比美丽、文化底蕴深厚的国家时,我深深地爱上了她。"1999 年至今,他曾经多次来中国访问,游历名山大川和城市乡村,足迹遍布中国大江南北,访问过超过 95 个城市和村镇。他说,在中国的所见所闻与亲身经历对他产生了积极的影响,并使他和家人的生活向着更好的方向发展。他不仅把中国国情介绍给亲人,还带着妻子、儿子、女儿、兄弟姐妹访问过中国,而且还陪同他在商界、政界的朋友和同事访问中国。他的女儿曾在中国生活3年。

麦克菲先生亲自拍摄了几千张关于中国的照片,包括中国如画的地理风景、传统与现代的中国建筑、友好的中国人民、美味的中式烹饪、历史悠久的名胜古迹、冉冉升起的经济力量等。他用镜头语言解读着中国自然文化多样性和博大精深的文化传统,以独特的视角热情赞美了一个正在崛起、大踏步融入世界的东方国家的风采。他希望其他人,尤其是美国人,一定要来到中国,领略、欣赏她的美丽、文化和风土人情。2012年,在孔子学院总部资助下,麦克菲编著的《一位美国大学校长眼中的中国》中英文版出版并面向全世界发行,书中精选了两百张他亲手拍摄的照片。他说,作为一名对推进文化交流充满兴趣的教育家,他丰富的经历可以为加强中美关系做出贡献,也希望这本摄影集能更好地阐述不同国家人民交流中的友善与富有成果的交流。

麦克菲先生说,孔子学院的使命是追求世界的和平与和谐,孔子学院"为我们的社区增加了文化体验,促进了我们对中国的理解"。他非常高兴能够用他的经验来帮助中田纳西州立大学孔子学院,帮助美国乃至全世界的汉语语言项目来实现它们的目标。

麦克菲先生用"谢谢你给我的爱"由衷地表达了他对中国,尤其是对孔子学院的感情。同样,我们也用这句歌词向麦克菲先生表示敬佩和谢意。

"汉语桥",未来路[①]

萨拉(Sarah Ramsay)是美国圣玛丽学校孔子课堂的学生,8年级开始学习中文。15岁时,她参加"汉语桥"夏令营,第一次来到中国。在飞机上,她就感到周围荡漾着中国文化的气息。飞机抵达北京,当中国第一次真正出

---

① 根据《孔子学院》2014年第三期文章《一次中国行,一个重要的人生决定》改编。

现在眼前时,她非常激动。接待她们的中国朋友热情地为她们拍照,告诉她们说"茄子"。噢,原来"茄子"就像美国人拍照时说"cheese"(奶酪)一样,中美这两种语言表达都贴近生活,异曲同工,很有意思。这一下子使她对中国语言和文化更加着迷。晚上住进酒店之后,她就迫不及待第二天的到来。

第二天,她们坐地铁去商场购物。看到不同样式的中式服装、各式各样的小配饰,真是琳琅满目。很多店主和售货员用英语向她推销商品,令她惊讶,这是在美国吗?她也用简单的中文跟他们讲价,很有意思。很快,愉快的购物结束了,她们赶到机场,准备飞往重庆。在机场,她和伙伴们用中文与周围的中国人聊天,他们都说她的中文很好,感觉很棒,她学习中文的劲儿更足了。

在重庆,她度过了难忘的几天。第一天,他们参加"汉语桥"夏令营开幕式,她做了自我介绍。第二天,萨拉参加了汉语水平考试(HSK),学习武术,学跳竹竿舞,还学捏各种各样的泥人。听说中国有很多泥人大师,其中有一个叫"泥人张",泥人捏得出神入化。她大开眼界,感觉中国文化不仅内涵丰富,而且趣味强,这更加坚定了她学习中文的决心。

她走进中国的校园,坐在中国的教室里学习中文,欣赏中国的工艺美术,和中国朋友一起打篮球……所有的活动都那么令人着迷。有一次,她和中国朋友打篮球,他们教她说中文俚语,她才意识到原来自己说的中文很正式。到现在为止,她还用这些俚语和中国朋友们交流。他们教萨拉说中文,萨拉教他们打篮球。在中国,很少女生打篮球,那几天,当走在校园的时候,萨拉就像大明星一样,都知道她打篮球超级棒,这令萨拉非常开心。

"汉语桥"的老师们还给他们配对,让他们一对一互相学习。萨拉和一位中国同学坐在一起,只说中文或者英文,谈论彼此的文化和感兴趣的话题。他们还到寄宿家庭住了几天。寄宿家庭带她买东西,做地道的中国菜给她吃,他们对她就像自己的孩子。萨拉不仅看到了美丽的中国,还看到了友善的中国人。他们流利的英语帮萨拉很多忙,萨拉同时也学到很多中文。

这次"汉语桥"夏令营真的让她大开眼界,经历的和学到的都让她终生难忘。旅行之前,她只是有将来继续学习中文的打算。"汉语桥"中国行之后,她知道自己一定要继续学习中文,而且知道为什么要继续学习中文。中国之行,让她学到了课堂上学不到的很多东西,亲身感受到传说中博大精深的东方文化。她不仅喜欢欣赏中国文化,还喜欢中国的娱乐和日常生活。萨拉下定决心,大学以中文为专业。在不久的将来,她的中文一定会更好,要为中美两国人民之间的友谊做出努力。

难忘学生情[①]

以前还是学生的时候,觉得老师总是高高在上,遥不可及。而在这一年里,作为老师,张然实实在在地感受到做老师包含着多么丰富有趣的体验。在课堂中,看着一位位年龄和职业各异的学生努力地跟着她模仿四声的时候,她不禁会想象学生们下班回家后辅导孩子功课的样子,作为医生一本正经询问病情的样子,作为律师给客户做咨询的样子,作为老教授在自己的课堂中侃侃而谈的样子。就是这样一群学生,不断给张然感动和惊喜。在课后,学生们会为她送来一盆翠绿的植物或是自己做的饼干,或者邀请她去家里吃一顿丰盛的饭菜,跟她聊历史、聊文化,去冲浪、去环岛,回家之前专门跑来办公室,就为给她拎来一包离别的礼物。

班里有一位总是穿着夏威夷花裙子的老太太,她有 70 岁左右,总是笑眯眯的。有时候上课前,她会走到张然的身边递给她一小包东西,张然知道,她又给自己带来亲手做的小点心了。感恩节的前几天,下课后她跑过来问张然要不要去她家,过一个传统的感恩节。其实张然有点小惊讶,在美国学生怎么这么热情?那天张然抱着一瓶红酒来到老太太的家里,进门就闻到了满屋子甜甜的香味,她正在厨房里忙活着"感恩节大餐"。张然和老太太的先生以及 90 多岁的婆婆在客厅坐着聊天,茶几上摆满了各种自制的小零食。老先生还有老太太都特别慈祥,看着张然这个中国来的姑娘,一个劲儿问这问那,说到让他们惊讶的地方,他们笑得比孩子还要灿烂。餐桌虽然不大,但是小碎花的桌布很温馨。老太太拿出了结婚时买的瓷器餐具,每个

[①] 这部分内容由夏威夷大学孔子学院 2012—2013 年底志愿者张然提供,笔者稍作修改。

人的位置上杯杯盘盘的摆得有模有样,而且每套餐具里摆着一个小卡片,上面画着南瓜或者火鸡,写着客人和主人的名字。老太太的精心准备体现在每一个小小细节中,这让张然好好体验了一下老太太的温暖和美国感恩节的传统。

张然在美国家庭过感恩节

张然教过一个有趣的商人学生,他的汉语学得不是很好,不过很迷恋中国历史,特别是对先秦历史感兴趣,经常课后让张然帮他补习汉语。有一天他邀请张然去吃一顿地道的日本火锅,这是张然吃过的最长时间的火锅了。从下午3点到晚上9点,从姜尚、吕不韦、秦始皇、李斯、扶苏、子婴、赵高、蒙恬,到吕雉、汉文帝、汉景帝……从《吕氏春秋》《史记》,到焚书坑儒,罢黜百家,独尊儒术……整整6个小时,张然都在不断接招,心里暗自庆幸自己当年幸好选的是文科。他告诉张然,自己希望通过研究,写一本中国先秦的历史书。张然告诉他,自己真的很高兴能遇到他这样的学生,对中国的文化和历史有着发自内心的热爱。

每当学生有了小小的进步,作为老师,张然都有一种小小的满足感。以前听自己的老师说过,一位好的老师,会影响学生的一生。张然也遇到了这样一位学生,让她对这句话有了深切的体会。贾宁(Janeen)是夏威夷大学大一的学生,她参加了张然教的汉语课,作为大一的通识课程。这位胖胖的女孩有点腼腆，上课有点跟不上别的同学的学习节奏。下课后，她会悄悄地来问张然能不能给她补习一下拼音和四声。几次接触下来，她在张然面前变得放松、活泼了很多。后来她还为张然表演了她练习了6年的长笛。夏威夷合唱团要表演《泥娃娃》这首曲目，作为合唱团的一员，她邀请张然去为大家纠正中文发音。在大二选择专业的时候，她改选了中文。她告诉张然，本来她妈妈希望她选择音乐专业，但是自从上了张然的中文课后，她下定决心选中文专业。听到这里，张然有点感动，也有点担心。感动的是，作为一个老师，竟然影响了一个学生的专业选择，这个决定可能会影响她的一生；担心的是，她会不会更适合音乐专业？也许她在音乐方面发展得会更好。这样的选择会不会是一个错误？后来张然才知道，贾宁从小没有父亲，觉得自己很亲切，把张然当姐姐。她喜欢上张然的课，也很喜欢中文。学期末，贾宁要回大岛，张然和她还有她的姨妈、叔叔吃了一顿饭。张然说，生活在这个岛屿上的人，天生就有一种安闲和温暖，和他们吃饭、聊天感觉特别放松自在。回国之前，贾宁送给张然一个U盘，说里面是为她吹奏的长笛曲，有一首《菊花台》，有一首自己创作的曲子。到现在，张然还会时不时听一下这些曲子，回忆起那段在夏威夷的时光和那些温暖的人。

张然在脸谱课上和学生用脸谱逗趣

回忆那段经历，张然说："来到这个岛屿，本身就是一种幸运。能遇到这些学生更是一种幸运。第一次在国外过春节，学生会用一张全班签名的卡片来温暖我;周末无聊,学生会带着我环岛看海;离开夏威夷前,学生会问我心愿单上还有什么没有做的,然后带我去冲浪。当时儿童班上有个可爱的孩子叫大海,4岁左右的样子,金色的头发、蓝蓝的眼睛。他上课有点调皮捣蛋,不过每当我讲到中国文化的内容时他就特别认真。记得他小手拿着毛笔,在红纸上比画,嚷着让我教他写'福'字,还说要把家里的每一扇门都贴上自己写的'福'。记得有一次上课,碰巧遇上万圣节,大海穿着美国队长的衣服来上课。那天我讲的是脸谱,大海对脸谱十分着迷,我拿着脸谱和他逗趣,现在想来,真是一个有趣的画面。现在我常常想起他们,想起他们费劲地憋出四声的样子,想起他们温暖的笑脸。很感恩,能有这样一段经历,能有这样的一群学生,和他们的友谊温暖了我异乡漂泊的一年,乃至一生。想到即将离开夏威夷的时候,孔子学院的小朋友学生抱着我的腰,睁着稚嫩的大眼睛问我还会不会回来,我的眼睛湿润了。"

▶▶ 相 关 链 接

国家汉办/孔子学院总部

  为满足世界各国对汉语学习的需求,提升中国语言文化影响力,国家汉语国际推广领导小组办公室,简称国家汉办于2002年成立。从2004年开始,汉办开始在海外设立孔子学院。孔子学院作为非营利性教育机构,其宗旨是增进世界人民对中国语言和文化的了解,发展中国与外国的友好关系,促进世界多元文化发展,为构建和谐世界贡献力量。其主要职能是:面向社会各界人士,开展汉语教学;培训汉语教师;开展汉语考试和汉语教师资格认证业务;提供中国教育、文化、经济及社会等信息咨询;开展当代中国研究。孔子学院总部与国家汉办合署办公。

  10年来,孔子学院建设快速发展,迄今为止已在120多个国家和地区建立了近500所孔子学院和600多所中小学孔子课堂。孔子学院已成为世界各国人民学习汉语和了解中华文化的园地、中外文化交流的平台、加强中国人民与世界各国人民友谊与合作的桥梁,受到广泛欢迎。

  网址:http://www.hanban.org。

美国大学理事会(The College Board)

  美国大学理事会是美国最大的非政府性教育组织,成立于1900年。其宗旨是改进中学教育,帮助学生更好地准备进入高等教育阶段的学习并获得成功。每一年,大学理事会向700万多位学生及家长、23000所高中以及3800所大学提供各种服务项目。大学理事会最著名的项目包括学术能力评估测试(简称SAT考试)、美国大学先修课程(简称AP课程)及考试。大学理事会SAT科目考试中包括中文考试,也包括中文AP课程和考试。

2006年，国家汉办与美国大学理事会就设立中国语言文化项目签订协议，主要内容包括：组织"汉语桥"美国中小学校长访华之旅活动、在美国中小学设立孔子课堂和汉语教学点、派遣赴美汉语教师志愿者、中国语言文化巡讲团等。这一项目对于在美国中小学开设汉语课程，增进美国青少年对中国语言和文化的了解，进而促进中美两国人民之间的友谊起到了十分积极的推动作用。大学理事会与亚洲协会、国家汉办还合作举办全美中文大会。

网址：https://www.collegeboard.org。

亚洲协会（Asia Society）

亚洲协会是1956年由洛克菲勒家族的约翰·D.洛克菲勒创办的非营利、非政府、无党派的民间机构组织，总部位于纽约，目前在美国的休斯敦、洛杉矶、旧金山、华盛顿特区、澳大利亚的墨尔本、菲律宾的马尼拉、中国的香港和中国的上海设有地区分中心。亚洲协会是美国和亚太地区最具影响力的亚洲政策研究及教育文化机构，其宗旨在于促进美国与亚洲之间的民间交流，增进美国及亚太地区民众、领袖和机构之间的相互了解，致力于在政策、商业、教育、文化和艺术等诸多领域加强对话、鼓励创新、促进合作，以共同应对挑战，共享繁荣未来。

亚洲协会积极推动美国学校的中文教育，与国家汉办合作，牵头主办每年一度的全美中文大会。

网址：http://www.asiasociety.org。

全美中文大会

全美中文大会（National Chinese Language Conference）是美国规模最大的研讨汉语教学的会议，以推广汉语教育和提升学生国际竞争力为主要内容。大会自2008年开始，每年举办一次，迄今为止，已有来自美国各州和澳大利亚、加拿大、中国、印度尼西亚、日本、新加坡、牙买加和英国等国的6000多人参加会议。会议期间会组织与会者参观当地中文教学示范点，举办中文教材展等活动。

2014年在洛杉矶举行的第7届全美中文大会邀请澳大利亚前总理陆克文发表主旨演讲,他用中英双语讲述了关于中国的5个迷思。全美中文大会既是一个汉语教学的研讨大会,也是一次文化交流的大会。

会议由亚洲协会、大学理事会和国家汉办联合主办。

网址:http://sites.asiasociety.org/nclc2014/。

"汉语桥"美国中小学校长访华活动

这一活动由孔子学院总部和美国大学理事会共同组织,是美国大学理事会"中国语言与文化项目"的重要组成部分,旨在增进美国中小学校长和教育行政官员对中国的了解,推动美国中小学校汉语课程的开展。自2006年启动以来,该项目已累计邀请3000余名美国主流中小学校长和教育官员等教育高层人士来华访问。访华期间,代表们参加专场中国文化讲座并分赴中国各个省市访问中、小学,了解中国社会,并与中国的教育工作者们进行深度交流。这一活动使美国教育工作者对中国有了全新而深刻的认识,为其今后和中国开展教育文化交流奠定良好的基础,增强他们与中国学校合作的信心,对推进美国中小学开设汉语课程,增进中美两国人民的友谊起到了积极的作用。近年来,美国开设汉语课程的中小学大幅增加,已由2005年的263所增至现在的近4000所。汉语已成为美国外语教学中发展最快的语种。

"汉语桥"美国高中生夏令营

这是由国家汉办/孔子学院总部与各孔子学院合作,每年暑期举办的面向美国在读高中学生的中国语言文化体验项目,旨在增进中美青少年学生交流,加深美国高中学生对中国语言文化的了解和亲身体验,从而激发其学习汉语的热情。项目为来华学生提供汉语课程、中国文化课程(如剪纸、书法、水墨画、茶艺、武术等)、丰富多彩的交流活动(中美学生联欢、住家体验等)及文化体验活动。夏令营自2007年启动以来,已经有近6000名美国高中学生参加。

▶▶ 思考与启示

自2004年美国第一所孔子学院成立至今已经过去10年。期间,虽然经历一些波折,也不时出现一些杂音,但孔子学院总体得到美国大学和社区的普遍欢迎。目前美国已经建立了100多所孔子学院。笔者作为中方院长在美国孔子学院工作4年多,部分地见证了孔子学院在美国的发展,亲历了一些情况,也进行了一些思索。孔子学院在美国的发展历程给我们以下启示。

第一,孔子学院是一项很有意义的事业,在中美教育、文化、青年、妇女、体育、科技等人文领域交流中发挥了重要的平台作用,促进了中美两国人民的了解和友谊。正如美国政府支持所有外国跨文化机构以及设立富布赖特奖学金的原因一样,中国政府也支持汉语语言文化教育,最终目的就是增进了解、促进和平。如果人们相互理解,世界就会变得更加美好。真正理解他国文化的一个重要途径就是开始学习它的语言。对语言了解越多,对文化的理解就更深入;对文化理解得越深入,就越有利于民族和国家关系的发展。中美两国人民增进了解至关重要,孔子学院在这方面的作用不可替代。

第二,创新是活力之源。孔子学院健康发展的一个重要原因在于创新。从最初的语言教学和文化活动,到推出"孔子新汉学计划",这是一个大胆的创新。"孔子新汉学计划"出自美国的富布赖特计划,但范围更广,有利于打造孔子学院的学术品牌,并赋之以持久的生命力。2014年,又推出"示范孔子学院"这一新举措,旨在使孔子学院在品牌和影响力方面再上台阶。此外,孔子学院在合作方式等方面也不断创新。

第三,正确认识和处理困难与危机。孔子学院在美国一些大学遇到的困难实际上与孔子学院无关,而是由于中美不同的价值观造成的。美国有人批评孔子学院,这也是孔子学院声望的一种体现,表明人们在关注孔子学院。一旦某种事物引起公众注意而且具有影响力的时候,质疑甚至批评之声随之而来,这未必是坏事。孔子学院是中外合作的事业,又立足域外,在困难和危机面前应主要依靠外方,毕竟,孔子学院外方也是利益攸关方。正是通过这一方式,孔子学院成功化解了"5·17指令"这一危机。

第四,公共外交是孔子学院的重要职能。孔子学院的教育和文化活动本身属于公共外交的范畴,同时,孔子学院还可以通过其他渠道实践公共外交。孔子学院向美国派遣众多教师和志愿者,他们的一言一行都代表中国的形象。同时,他们回国之后也可以把自己在美国的经历告诉自己的亲朋好友,甚至通过讲座、发表等方式达到更多的受众。孔子学院的公共外交是双向的,是有利于两国人民的事情。孔子学院可以强化公共外交意识和职能。

第五,把孔子学院模式拓展到中国贫困落后地区,为这些地区的青少年学生创造更多赴美学习、交流和了解外部世界的机会。孔子学院面向国外,但我们不能忘记国内贫困落后地区的孩子们。开办海外孔子学院与把孔子学院模式面向国内是并行不悖的事业,甚至可以互相促进。比如,我们可以像选拔志愿者赴海外一样,选拔志愿者到国内欠发达地区教学、组织活动,甚至可以吸引国外志愿者到中国中小学教外语。还可以资助贫困地区学生赴国外进行夏令营或冬令营等活动。总之,孔子学院面向海外受众的项目大都可以面向中国广大欠发达地区,当然,项目的内容应针对这些地区的实际需要。孔子学院模式中国化有利于促进中外人文交流,更是促进中华民族真正复兴的伟大事业。

人文交流在国际关系中扮演的角色必将越来越重要。孔子学院的成立体现了国家对人文交流的战略重视。孔子学院既是一个人文交流机构,更是一个中美人文交流的综合平台,在中美教育、文化、青年、体育、科技、妇女等人文领域的交流与合作中发挥重要作用。孔子学院的中方员工同样在这个平台中通过各种方式开展中美人文交流,增进中美交流、理解和友谊。

主要参考文献

[1] 玫琅,紫瑄.岩石上的梦想——雕塑家雷宜锌为马丁路德金雕像始末[M].北京:中国社会出版社,2011.

[2] 席来旺.中美交往实录[M].北京:京华出版社,1995.

[3] 杨玉圣.中国人的美国观——一个历史的考察[M].上海:复旦大学出版社,1996.

[4] 赵可金.软战时代的中美公共外交[M].北京:时事出版社,2011.

[5] 赵启正.中国人眼中的美国和美国人[M].北京:五洲传播出版社,2005.

[6] 中美人文交流研究基地.雁过留声:中美人文交流的记忆[M].北京:北京大学出版社,2012.

[7] 李昕.国外民间基金会参与中国科技事业发展研究[J].中国科技论坛,2008,6.

[8] 王明国.中美科技合作的现状、问题和对策[J].现代国际关系,2013,7.

[9] 李期铿.孔子学院的公共外交使命——以夏威夷大学孔子学院为例[J].公共外交季刊,2014,6.

[10] Chang, Iris. The Chinese in America: a Narrative History[M]. New York: Penguin Books, 2004.

[11] Dolin, Eric Jay. When America First Met China—An Exotic History of Tea, Drugs, and Money in the Age of Sail[M]. New York: Liveright Publishing Corporation, 2012.

[12] Koehn, Peter H. and Xiao-huang Yin, ed.. The Expanding Roles of Chinese Americans in US–China Relations: Transnational Networks and Trans-Pacific Interactions[M]. New York: M.E.Sharpe, 2002.

[13] Kunczik, Michael. Images of Nations and International Public Relations

[M].Mahwah,NJ:Lawrence Erlbaum Associates,Publishers,1997.

[14] Lampton,David M. A Relationship Restored—Trends in US-China Educational Exchanges, 1978 - 1984 [M]. Washington, D. C.: National Academy Press,1986.

[15] Mitchell,J.M. International Culture Relations[J].London,1986.

[16] Wang, Dong. The United States and China—A History from Eighteenth Century to the Present[M].New York:Rowman & Littlefield Publishers,Inc,2013.

主要参考网站

百度百科

教育部网站

文化部网站

中国科学院网站

科技部网站

外交部网站

美国驻华使馆网站

中国驻美使馆网站

新华网

中新网

《经济日报》

《人民日报》

《福州日报》

Pacific and Asian Affairs Council(亚太理事会)网站

Los Angeles Times(《洛杉矶时报》)网站

New York Times(《纽约时报》)网站

Asia Society(亚洲协会)网站

College Board(大学理事会)网站

NCLC(全美中文大会)网站

后　　记

　　《春风吹又生——中美人文交流足迹》从酝酿到付梓，历时10个月。在这10个月中，笔者涉足过的夏威夷、洛杉矶、北京、厦门都见证了书稿的进展。在这10个月中，笔者定期与普通美国民众交流分享美好的信息；在参加全美中文大会的间隙到斯台普斯中心观看NBA西部半决赛洛杉矶快船队与俄克拉荷马雷霆队的精彩对决；与夏威夷当地民众一起欣赏巴西世界杯和美国橄榄球超级杯；与当地长跑爱好者一起训练并参加夏威夷半程马拉松比赛，取得了令包括自己在内的所有人都惊讶的成绩……书稿的写作与笔者的人文交流实践并行，书稿的进展与笔者运动能力的进步同步。"春风吹又生"不仅象征中美人文交流的现状和未来，也是笔者精神和体力的写照。

　　笔者不才，安徽出版集团邀请笔者完成这样一部题材新颖、意义重大的著作，这是极大的信任。2013年10月，安徽出版集团向夏威夷大学孔子学院和夏威夷州图书馆赠书，笔者初识安徽出版集团。此后，双方了解不断加深，与安徽出版集团熟悉的宋波先生建议笔者写一本中美关系的著作。经安徽出版集团、宋波先生和笔者商议，决定以"中美人文交流"为主题。鉴于笔者的研究领域及工作经历，安徽出版集团认为笔者是完成该书的合适人选。笔者既是中美外交的研究者，更是中美人文交流和公民外交的实践者。在国内，笔者给中国学生讲授美国外交和美国社会与文化，也给外国政府官员和留学生讲授中国历史、文化和外交。2006—2007年，笔者作为富布赖特驻校学者到美国北卡罗来纳州吉尔福德学院讲授中国社会与文化等课程，期间深入社区，与当地居民结下深厚友谊，至今仍与许多人保持联系。2010年，笔者受孔子学院总部和北京外国语大学委派，前往美国夏威夷大学孔子学院，投身中国语言和文化走向海外民众的工作。期间，笔者积极推动两国人文交流，实践公共外交，并在《光明日报》发表《孔子学院的公共外交使命》一文。在多年的工作和生活中,尤其是在美国工作的五年多时间里,笔者亲身经历或耳闻目睹了许多中美人文交流的感人故事,同时也认真思索如何通过人文交流促进中美关系这一课题。这就是本书的缘起。

本书的内容有几点需要特别说明。第一,由于能力有限、时间紧迫,在笔者从未涉足、了无人脉的科技交流领域,内容显得比较薄弱;同时,还不得不舍弃原先计划的中美在妇女以及州省和友好城市交流等两个章节,而代之以笔者熟知的孔子学院内容。第二,本书涉及夏威夷的内容较多,这除了与笔者的工作经历有关之外,更主要的是夏威夷特殊的地理位置及其在中美两国人文交流中的重要作用。夏威夷位于太平洋的"十字路口",几乎是中美两国的中点。中国人在夏威夷的历史有200多年,与当地人关系良好。19世纪到美国淘金和修路的中国人也是经夏威夷中转。夏威夷大学就是由一位华人倡议建立的。夏威夷华人对孙中山先生推翻清王朝的革命予以了极大支持。近年来,夏威夷州和州府檀香山市与中国多个省市建立了友好州省和姐妹城市关系,每天都有上海和北京往返檀香山的航班。夏威夷大学与北京大学、浙江大学、武汉大学、同济大学、北京外国语大学等多所高校建立了实质性的合作关系。夏威夷大学中国研究中心有近70名学者,是海外最大的中国研究中心。当地著名的普纳荷学校曾培养中美两国各一位总统——孙中山和奥巴马,如今,这所学校与中国多所名校建立了校级交流。第三,中美双方确定在教育、科技、文化、青年、妇女、体育等六大领域加强人文交流,严格说来,这其中难免出现交叉和重叠,如青年的交流可以涉及教育、科技、文化、体育等各方面,而在教育、科技、文化、体育等领域的交流也大量涉及青年;孔子学院在教育、文化、青年等领域的交流方面也发挥着巨大作用。第四,本书所写故事,全为真人真事,笔者在尽可能的范围内征得了故事主角的同意,也有少部分人物由于无法联系,未能征得他们的同意。考虑到所写内容基本源自公开的资料,而且也都是正面的,相信这些主角不会追溯笔者的责任。

虽然在内容上做了调整,但这样一部涉及中美在教育、文化、科技、体育、青年等诸多方面人文交流的书主要靠一人之力本来就很难完成。笔者当初自以为是,又远离国内相关领域同事,同时为了保持全书风格的一致性,就决定自己一人承担。进入实质性的写作之后,笔者日益感到自身知识的不足和狭窄。在众多人士的支持、帮助和鼓励下,本书才得以勉强完成。

后 记

首先要特别感谢安徽人民出版社陈娟编辑。她是出版社和笔者之间的联系人，对书稿提出了许多宝贵的修改意见。陈老师还多次与我通电话，讨论书稿内容。在我以各种理由拖拖拉拉多次未能按时提交书稿的时候，她总是表示理解，给予鼓励，从来没有表示不悦，让我非常惭愧。在写作的最后一个月，我饱受带状疱疹折磨，陈娟老师多次表示慰问，劝我保养好身体，书稿可以暂缓，令我感动。

还要感谢我的妻子李静。几年来，她在北京辛勤工作为家里分忧，使我能集中精力完成这本书。过去的一年中我回北京出差的时候，本应陪伴她的时间，我却要去图书馆查阅资料、撰写书稿。她的叮嘱和督促加速了此书的完成。

我的恩师梅仁毅教授为本书内容提供了很好的建议，他最初的热情支持和鼓励坚定了我完成本书的信心和决心。梅老师还在头部和眼睛受伤缝针的情况下，花了一个多小时从他的书架中找出我需要参考的7本书。孔子学院总部也为此书提供了帮助。四川绵阳南山中学王琼老师、夏威夷大学孔子学院志愿者张然、屈耀佳、汉语教师查芸芸等为本书撰写了故事。中国科学院寒区旱区环境与工程研究所冰冻圈与全球变化研究室主任王宁练研究员、夏威夷大学癌症研究中心杨海宁教授、俞和教授、夏威夷大学戏剧系魏莉莎教授、云南省艺术学院廖琦玉老师、美国"十万强基金会"学生大使成吉汉等专门接受了笔者的采访，廖老师还提供了关于飞虎队和驼峰航线的故事和材料。魏莉莎教授对关于她的故事提出了宝贵的修改意见，澄清了许多事实，她的严谨精神值得学习。付梓之前，我的胞兄李蓝天、胞妹李红棉等通读数遍书稿，提出了许多修改意见。

由于笔者学识、专业、视野和能力等所限，加上时间紧迫，本书内容一定有遗漏、偏颇、错误之处，敬请读者不吝赐教、指正。

李期铿

2015年5月于夏威夷